Projeto Buriti

CB139887

BURITI GEOGRAFIA 3

Nathalia de Araujo Pinto

Organizadora: Editora Moderna
Obra coletiva concebida, desenvolvida
e produzida pela Editora Moderna.

Editora Executiva: Marisa Martins Sanchez

Acompanha este livro:
• Material multimídia.

3ª edição

MODERNA

Elaboração de originais

Lina Youssef Jomaa
Bacharel e licenciada em Geografia pela Universidade de São Paulo. Editora.

Juliana Maestu
Bacharel e licenciada em Geografia pela Universidade de São Paulo. Editora.

Daniella Almeida Barroso
Bacharel e licenciada em Geografia pela Universidade de São Paulo Mestre em Ciências, na área de concentração de Geografia Humana, pela Universidade de São Paulo.

Vanessa Rezene dos Santos
Bacharel e licenciada em Geografia pela Universidade de São Paulo.

Flávio Manzatto de Souza
Bacharel e licenciado em Geografia pela Universidade de São Paulo. Editor.

ALMANAQUE DO JOVEM INTERNAUTA

Elaboração de originais

Marisa Martins Sanchez
Licenciada em Letras pela Universidade São Judas Tadeu. Professora dos Ensinos Fundamental e Médio em escolas públicas e particulares. Editora.

Januária Cristina Alves
Mestre em Comunicação Social pela Escola de Comunicações e Artes da Universidade de São Paulo. Infoeducadora e autora de livros para crianças e jovens. Jornalista.

Equipe Prova3 Edições, representada por Lorena Vicini
Bacharel em Jornalismo pela Faculdade Cásper Líbero e em Letras pela Universidade de São Paulo. Mestre em Letras pela Universidade de São Paulo. Editora de conteúdos impressos e digitais.

Edição de texto: Marisa Martins Sanchez
Projeto gráfico: Ana Carolina Orsolin, Everson de Paula e Marta Cerqueira Leite
Edição de arte: Carolina de Oliveira
Revisão: Luísa Munhoz, Simone Soares
Pesquisa iconográfica: Fernanda Siwiec e Camila D'Angelo

MODERNA

Coordenação editorial: Lina Youssef Jomaa
Edição de texto: Lina Youssef Jomaa, Juliana Maestu, Flávio Manzatto de Souza, Daniel Salles
Assistência editorial: Flávio Manzatto de Souza, Daniel Salles, Pedro Augusto Vannucci Barbieri, Leon Gussonato
Preparação de texto: Cintia Shukusawa Kanashiro
Coordenação de *design* e projetos visuais: Sandra Botelho de Carvalho Homma
Projeto gráfico: Ana Carolina Orsolin, Flávia Dutra e Marta Cerqueira Leite
Capa: Marta Cerqueira Leite
Ilustração da capa: D'Avila Studio
Coordenação de produção gráfica: André Monteiro, Maria de Lourdes Rodrigues
Coordenação de arte: Rodrigo Carraro
Edição de arte: Flavia Maria Susi
Editoração eletrônica: Flavia Maria Susi
Ilustrações: André Aguiar, A7 Estudio, Felix Reiners, Marcus Penna, Mauro Souza, Renato Ventura
Ilustrações de vinhetas: D'Avila Studio
Cartografia: Anderson de Andrade Pimentel, Fernando José Ferreira
Coordenação de revisão: Elaine Cristina del Nero
Revisão: Adriana C. Bairrada, Olívia Duarte, Renato da Rocha, Rita de Cássia Sam
Coordenação de pesquisa iconográfica: Luciano Baneza Gabarron
Pesquisa iconográfica: Daniel Cymbalista, Camila D'Angelo
Coordenação de *bureau*: Américo Jesus
Tratamento de imagens: Arleth Rodrigues, Bureau São Paulo, Marina M. Buzzinaro, Wagner Lima
Pré-impressão: Alexandre Petreca, Everton L. de Oliveira Silva, Fabio N. Precendo, Hélio P. de Souza Filho, Marcio H. Kamoto, Rubens M. Rodrigues, Vitória Sousa
Coordenação de produção industrial: Arlete Bacic de Araújo Silva
Impressão e acabamento: TypeBrasil

Dados Internacionais de Catalogação na Publicação (CIP)
(Câmara Brasileira do Livro, SP, Brasil)

Projeto Buriti : geografia / organizadora Editora Moderna ; obra coletiva concebida, desenvolvida e produzida pela Editora Moderna. — 3. ed. — São Paulo : Moderna, 2013. — (Projeto Buriti)

Obra em 4 v. para alunos do 2º ao 5º ano.

1. Geografia (Ensino fundamental) I. Série.

13-04641 CDD-372.891

Índices para catálogo sistemático:
1. Geografia : Ensino fundamental 372.891

ISBN 978-85-16-08894-1 (LA)
ISBN 978-85-16-08895-8 (GR)

EDITORA MODERNA LTDA.
Rua Padre Adelino, 758 – Belenzinho
São Paulo – SP – Brasil – CEP 03303-904
Vendas e Atendimento: Tel. (0_ _11) 2602-5510
Fax (0_ _11) 2790-1501
www.moderna.com.br
2016
Impresso no Brasil

1 3 5 7 9 10 8 6 4 2

Esta é a apresentação do livro.

Nela nós lhe damos as boas-vindas, desejamos que você **aprenda** muito neste ano e que isso seja divertido!

Dê uma espiada nas páginas 4 e 5 e veja como seu livro está **organizado**. Depois, vá para as páginas 6 e 7. Lá está o **sumário** com os conteúdos que você vai estudar e as páginas em que eles estão.

Agora é só folhear o seu livro. **Leia** uma coisa aqui, outra ali, veja as ilustrações e se prepare para ter um ano incrível!

Nós queremos muito que você seja uma criança feliz!

Os editores

Este espaço
é para você ilustrar
como quiser.

Conheça seu livro

Seu livro está dividido em 9 unidades. Veja o esquema da unidade.

Abertura da unidade

Nas páginas de abertura você vai observar imagens e conversar sobre o que sabe.

Tema

No estudo dos temas, você vai aprender muitas coisas novas!

Palavras que talvez você não conheça são explicadas no *Glossário*.

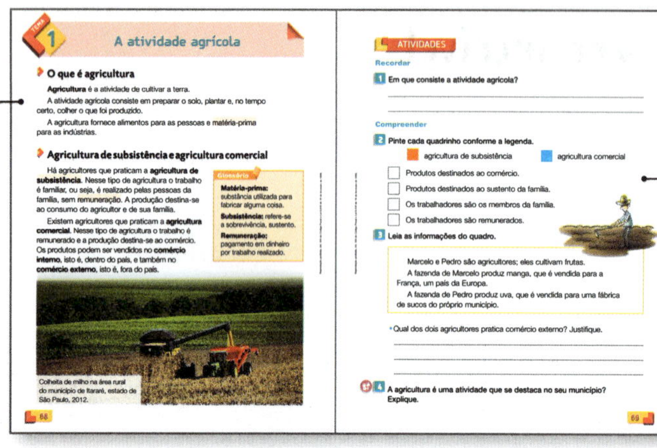

Atividades

Você vai exercitar o que aprendeu e encontrar novos desafios!

O que você aprendeu

Mais atividades para você rever o que estudou na unidade e para utilizar o que aprendeu em outras situações.

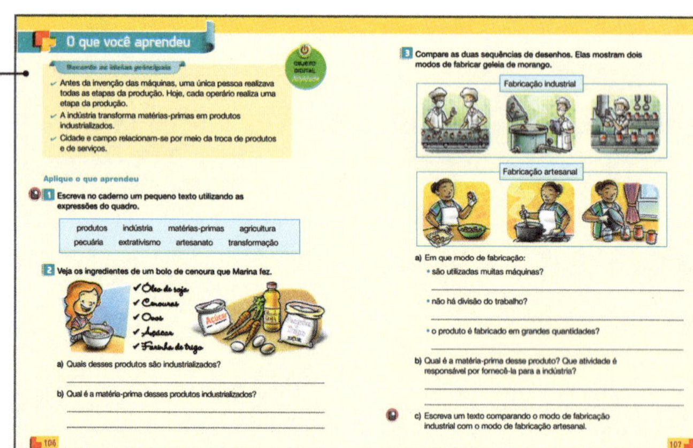

Para ler e escrever melhor

Nestas páginas, você vai ler um texto e perceber como ele está organizado. Depois, vai escrever um texto com a mesma organização. Assim, você vai aprender a ler e a escrever melhor.

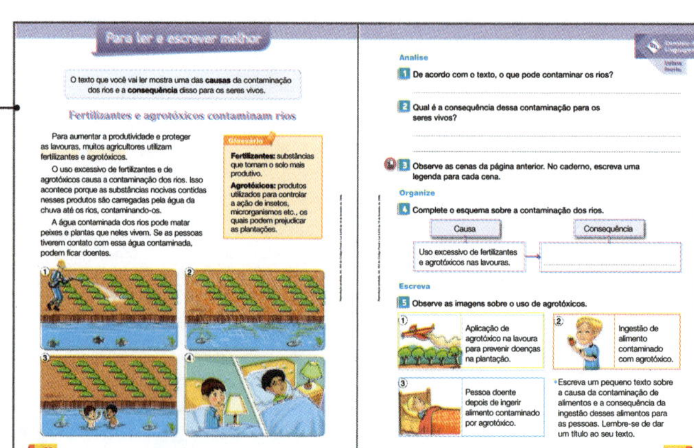

O mundo que queremos

Nesta seção, você vai ler, refletir e realizar atividades sobre atitudes: como se relacionar com as pessoas, valorizar e respeitar as diferentes culturas, colaborar para preservar a natureza...

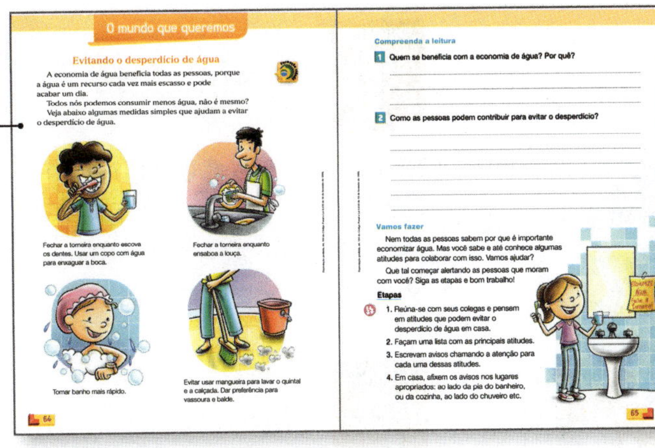

Almanaque do Jovem Internauta

No final do livro, há um almanaque para você ler quando quiser. Ele traz informações importantes e curiosas para você navegar pela internet com **responsabilidade** e **respeito**.

Há também variados assuntos para compartilhar com os adultos que vivem com você.

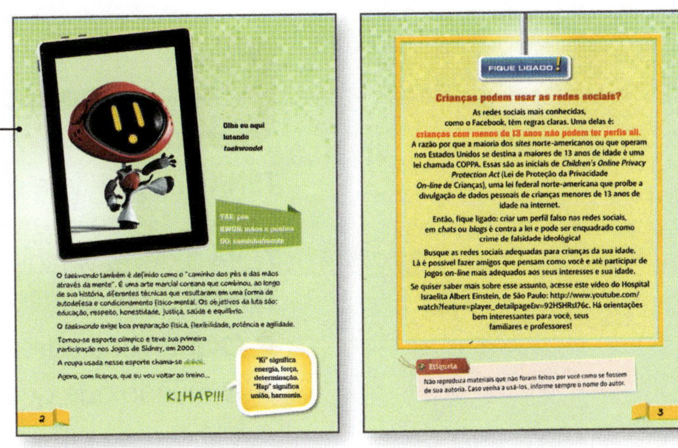

Ícones utilizados

Ícones que indicam como realizar algumas atividades

Atividade oral — Dupla — Grupo — Atividade no caderno — Desenho ou pintura

Ícones que indicam trabalho com temas transversais

Formação cidadã — Meio ambiente

Ícone que indica atividades que ajudam a compreender termos específicos de Geografia

Ícone que indica os objetos digitais

Sumário

UNIDADE 1 **O município** 8

TEMA 1. O que é o município ... 10
TEMA 2. Paisagens do município ... 12
TEMA 3. Observando o município de diferentes pontos de vista ... 14
O que você aprendeu ... 16

UNIDADE 2 **Município: história e representação** 20

TEMA 1. Todo município tem uma história ... 22
TEMA 2. A representação do município ... 24
TEMA 3. Orientando-se no município ... 26
O que você aprendeu ... 28
Para ler e escrever melhor: *A história de Caruaru* ... 32

UNIDADE 3 **A população do município** 34

TEMA 1. Quem vive no município ... 36
TEMA 2. Gente que vem, gente que vai ... 38
TEMA 3. As atividades da população no município ... 40
TEMA 4. Que direção tomar para se divertir? ... 42
O que você aprendeu ... 44
O mundo que queremos: *Os serviços públicos do município* ... 48

UNIDADE 4 **A água no município** 50

TEMA 1. Os rios ... 52
TEMA 2. O aproveitamento dos rios ... 54
TEMA 3. A água que consumimos ... 56
TEMA 4. É preciso cuidar dos rios ... 58
O que você aprendeu ... 60
O mundo que queremos: *Evitando o desperdício de água* ... 64

UNIDADE 5 **A agricultura** 66

TEMA 1. A atividade agrícola ... 68
TEMA 2. Condições favoráveis à agricultura ... 70

TEMA 3. Do campo à nossa mesa 72
TEMA 4. A agricultura brasileira 74
O que você aprendeu 76
Para ler e escrever melhor: *A agricultura comercial* 80

UNIDADE 6 A pecuária e o extrativismo 82

TEMA 1. A atividade pecuária 84
TEMA 2. Os tipos de pecuária 86
TEMA 3. O extrativismo 88
TEMA 4. Atividades do campo alteram o ambiente 90
O que você aprendeu 92
Para ler e escrever melhor: *Fertilizantes e agrotóxicos contaminam rios* 96

UNIDADE 7 O trabalho na indústria 98

TEMA 1. Do artesanato à indústria 100
TEMA 2. Transformando a matéria-prima 102
TEMA 3. Relações entre campo e cidade 104
O que você aprendeu 106
O mundo que queremos: *Reutilizar o plástico: bom para a natureza* 110

UNIDADE 8 Transportes 112

TEMA 1. Transportes para ir e viver 114
TEMA 2. O transporte no Brasil 116
O que você aprendeu 118
O mundo que queremos: *A poluição do ar causada por veículos terrestres* 122

UNIDADE 9 Comunicações 124

TEMA 1. A comunicação 126
TEMA 2. A comunicação entre as pessoas 130
O que você aprendeu 132
Para ler e escrever melhor: *Alô, alô, responde...* 134

Almanaque do Jovem Internauta

UNIDADE 1

O MUNICÍPIO

Vista de parte do município de Santo Antônio de Posse. Esse município fica no estado de São Paulo. Foto de 2012.

Lendo a imagem

1 Você consegue identificar, na foto, a área da cidade? E a área do campo?

2 Que elementos da paisagem permitem saber onde é a cidade e onde é o campo?

3 Onde a concentração de casas é maior: no campo ou na cidade?

O que você sabe?

4 Onde há mais caminhos: na cidade ou no campo? Por quê?

5 Além da fotografia, de que outras formas podemos representar o campo e a cidade?

TEMA 1

O que é o município

As pessoas vivem em um município

O lugar onde vivemos faz parte de um município.

Município é a menor parte do nosso país com governo próprio. Todo município tem algumas leis feitas somente para ele.

Cada estado brasileiro é formado por um conjunto de municípios.

A administração do município

O **prefeito** governa o município.

Ele trabalha na Prefeitura e é auxiliado por vários secretários municipais. Cada secretário municipal cuida de uma parte dos serviços públicos oferecidos pelo município, como saúde, educação, habitação, cultura, transporte etc.

Os **vereadores** elaboram as leis do município e fiscalizam o trabalho do prefeito. Eles trabalham na Câmara Municipal.

A escolha do prefeito e dos vereadores

O prefeito e os vereadores são escolhidos pelos habitantes do município nas eleições municipais. Essas eleições acontecem a cada quatro anos.

Prédio da Prefeitura Municipal de São Joaquim, no estado de Santa Catarina, 2012.

ATIVIDADES

Recordar

1 Associe as colunas corretamente.

A	Prefeito	B	Elabora as leis do município.
B	Vereador	C	Cuida de uma parte dos serviços públicos do município, como saúde e educação.
C	Secretário municipal	A	Governa o município.

Compreender

2 Qual é o nome do município onde você vive? Em que estado brasileiro se localiza esse município?

Rio de Janeiro, RJ

3 Qual é o nome do prefeito do seu município? Como ele foi escolhido?

Eduardo Paes, Ele foi eleito

4 Observe o mapa.

Amapá: municípios

Fonte: IBGE. *Atlas nacional do Brasil*. 3. ed. Rio de Janeiro: IBGE, 2000.

a) O mapa mostra os municípios de que estado brasileiro?

Amapá

b) Quantos municípios tem esse estado? Como você descobriu?

17, municípios, contando

TEMA 2 Paisagens do município

Áreas que formam um município

Em geral, os municípios têm uma área urbana e uma área rural.

A área urbana constitui a **cidade**. A área rural é constituída pelo **campo**.

Existem alguns municípios que têm apenas área urbana.

Paisagem rural do município de Prudentópolis, no estado do Paraná. Foto de 2012.

Municípios situados no litoral

Vários municípios brasileiros são banhados pelo mar. Esses municípios situam-se no litoral.

O **litoral**, também chamado de **costa**, é a faixa de terra banhada pelo mar. O Oceano Atlântico banha o litoral brasileiro.

Vista do município de Balneário Camboriú, no litoral do estado de Santa Catarina. Foto de 2012.

Paisagem urbana do município de Bauru, no estado de São Paulo. Foto de 2012.

ATIVIDADES

Recordar

1 Complete as frases.

a) A maioria dos municípios tem uma área ______________________ e uma área ______________________.

b) Os municípios banhados pelo mar situam-se no ______________________.

Compreender

2 Os desenhos representam paisagens de um mesmo município.

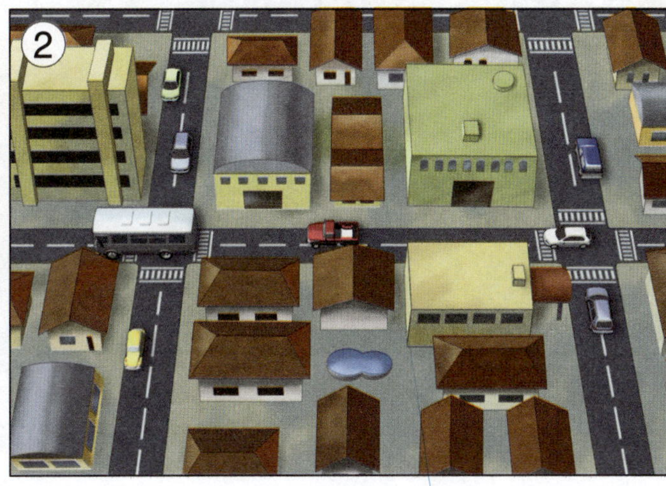

a) Qual desenho representa a área urbana do município? ☐ 1 ☐ 2
Que elementos você observa na paisagem dessa área?

____

b) Qual desenho representa a área rural do município? ☐ 1 ☐ 2
Que elementos você observa na paisagem dessa área?

____

c) Qual dessas paisagens se parece mais com a paisagem do lugar onde você vive? Cite algumas semelhanças.

3 O município onde você vive apresenta área urbana e área rural? Em qual delas você mora?

____

TEMA 3

Observando o município de diferentes pontos de vista

A paisagem vista de cima e de lado

Observe a ilustração abaixo. Ela representa parte de um município visto de cima e de lado. Esse ponto de vista é chamado de **visão oblíqua**.

Para você, o que significa visão oblíqua? E o que significa visão vertical?

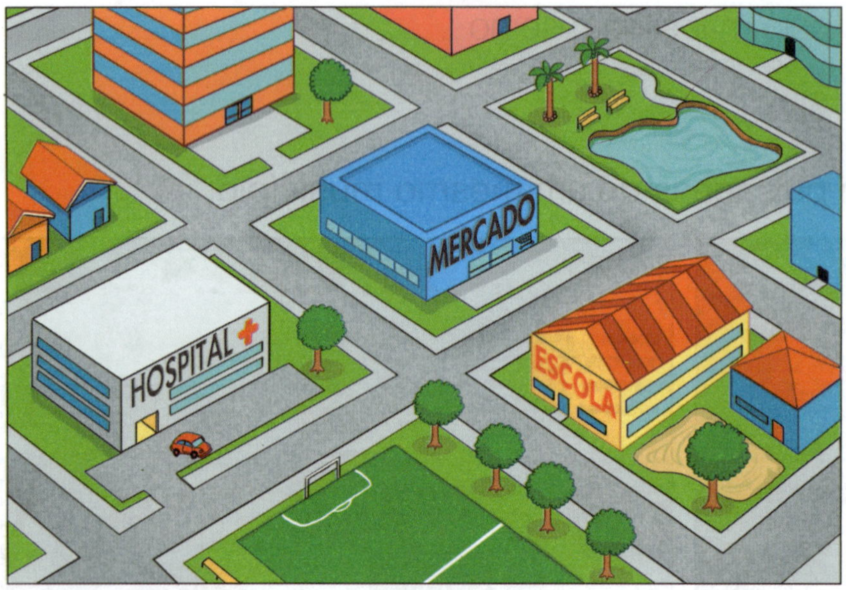

Visão oblíqua.

A paisagem vista de cima para baixo

Esta outra ilustração representa a mesma parte do município, agora visto de cima para baixo. Esse ponto de vista é chamado de **visão vertical**.

Glossário

Ponto de vista: refere-se à posição do observador em relação ao objeto observado.

Visão vertical.

ATIVIDADES

OBJETO DIGITAL
Atividade

Compreender

1 Observe os desenhos e responda.

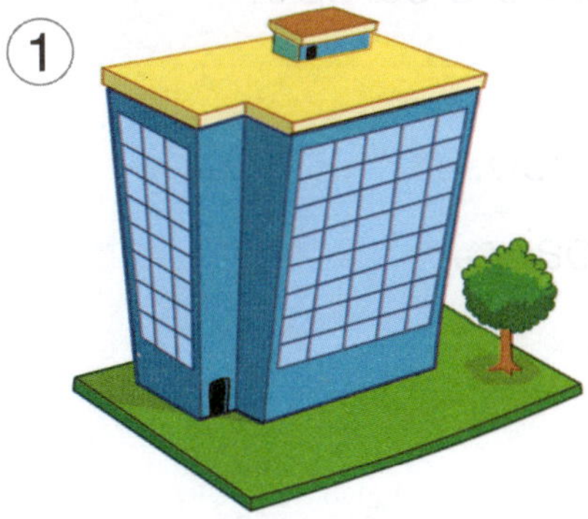

a) Qual desenho representa o prédio visto de cima e de lado? Como se chama esse ponto de vista?

b) Qual desenho representa o prédio visto de cima para baixo? Como se chama esse ponto de vista?

2 Observe a representação de uma praça.

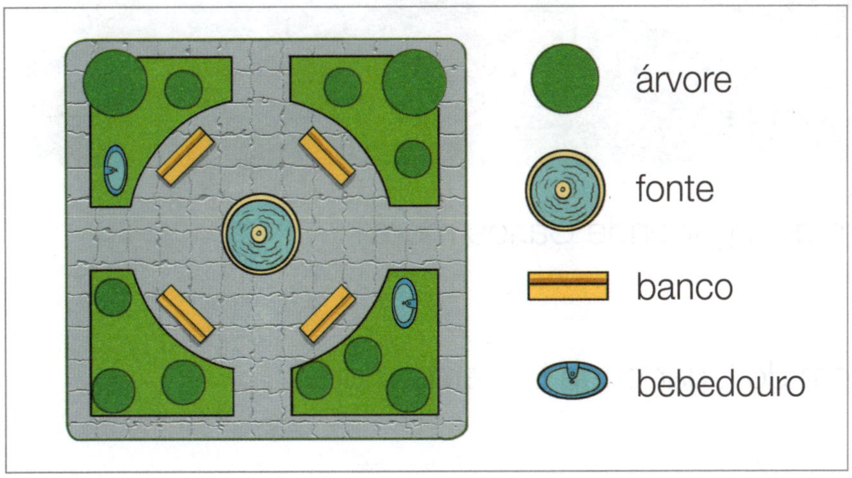

a) O desenho representa a praça na visão oblíqua ou na visão vertical? Explique.

b) Que elementos existem na praça?

c) Qual é a quantidade de cada um desses elementos?

d) Como você identificou os elementos?

O que você aprendeu

Recorde as ideias principais

- O município tem um governo e algumas leis próprias.
- Geralmente, os municípios são formados por cidade e campo.
- Vários municípios localizam-se no litoral do país.
- Visão oblíqua é a vista que se tem de cima e de lado.
- Visão vertical é a vista que se tem de cima para baixo.

Aplique o que aprendeu

1 Observe o município onde Carlos e Eduarda moram.

a) Como é a paisagem do lugar onde Carlos mora?

____

b) E como é a paisagem do lugar onde Eduarda mora?

____

c) Carlos mora na área urbana ou na área rural do município?

____

d) Eduarda mora na área urbana ou na área rural do município?

____

2 Observe o mapa.

Fonte: IBGE. *Atlas geográfico escolar*. 5. ed. Rio de Janeiro: IBGE, 2009.

a) Cite três estados brasileiros que têm municípios no litoral.

____

b) Que oceano banha esses estados?

____

c) Cite três estados brasileiros que não têm municípios no litoral.

____

d) Há mais estados com litoral ou sem litoral?

____

____

e) O município onde você vive tem litoral?

____

3 Observe a foto e responda.

Paisagem no município do Rio de Janeiro, no estado do Rio de Janeiro. Foto de 2012.

a) A foto mostra a paisagem de um município situado no interior ou no litoral do Brasil? Explique.

____

____

b) Essa paisagem faz parte da área urbana ou da área rural desse município? Como você percebe isso?

____

____

c) Você conhece outros municípios como este mostrado na foto? Cite o nome deles para os colegas.

4 **Ops! As afirmativas abaixo estão incorretas. Reescreva-as corrigindo.**

a) A visão oblíqua é aquela vista de cima para baixo.

b) A visão vertical é aquela vista de cima e de lado.

____

____

5 Observe os desenhos.

a) Qual dos desenhos mostra parte de um município na visão vertical?

____

b) E qual deles mostra parte de um município na visão oblíqua?

____

Pesquisar

6 **Para saber um pouco mais sobre os municípios do seu estado, pesquise informações em livros e na internet para responder às questões.**

a) Quantos municípios tem o estado onde você vive?

____

b) Quais são os municípios vizinhos ao seu?

____

____

c) Quando ocorrerá a próxima eleição para prefeito e vereadores?

____

UNIDADE 2

MUNICÍPIO: HISTÓRIA E REPRESENTAÇÃO

1

Lendo a imagem

1 A foto 1 mostra uma área urbana ou rural? Justifique.

2 Esse lugar se parece com o lugar onde você mora? O que é igual? O que é diferente?

O que você sabe?

3 Em sua opinião, o lugar mostrado na foto 1 sempre foi assim? Por quê?

4 Como você imagina que era esse lugar quando a cidade ainda se chamava Cidade dos Reis?

A paisagem mostrada na foto 1 é do município de Natal, no estado do Rio Grande do Norte, em 2012. A foto 2 mostra o Forte dos Reis Magos, localizado no mesmo município.

O forte foi construído pelos primeiros portugueses que chegaram à região, para protegê-la de piratas franceses. Em pouco tempo, formou-se um povoado em torno do forte. Dois anos depois, em 25 de dezembro de 1599, foi fundada próximo ao forte uma cidade chamada Cidade dos Reis. Posteriormente, ela foi rebatizada como Natal, em referência à festa religiosa que se comemora na data de sua fundação.

2

TEMA 1 Todo município tem uma história

A história do município mostra sua origem e sua transformação

Você sabe quando e como o seu município se formou? Sabe por que ele recebeu o nome que tem?

O município onde você vive tem uma história.

Conhecer a história de um município é saber como ele se originou e quais mudanças ocorreram ao longo do tempo.

Podemos saber, por exemplo, quais elementos existiam em sua paisagem que atualmente não existem mais. Ou, ainda, como era o modo de vida de seus habitantes em épocas passadas.

Compare as fotos ao lado. Observe como era uma parte da área urbana do município de Santos nos anos de 1940 e como ela ficou em 2010.

Vista de área urbana do município de Santos, estado de São Paulo, nos anos de 1940.

Vista de área urbana do município de Santos, estado de São Paulo, em 2010.

ATIVIDADES

Compreender

1 Observe novamente a paisagem mostrada nas fotos da página anterior.

a) Que mudanças ocorreram nessa paisagem?

____

____

____

____

____

____

____

b) Podemos perceber que um elemento permaneceu na paisagem, ao longo do tempo. Qual é esse elemento?

____

____

Pesquisar

2 Como era o seu município antigamente? Como ele é atualmente? Para saber, siga as orientações.

a) Procure duas fotos do município onde você mora: uma foto mostrando-o antigamente e outra mostrando-o nos dias de hoje. Cole as fotos no caderno.

b) Compare as fotos e escreva um texto contando como eram no passado e como são hoje:

- as moradias.
- a iluminação.
- as ruas e os meios de transporte.
- o vestuário das pessoas.

TEMA 2 A representação do município

Em que situações você já ouviu a palavra **planta**?

A planta do município

Podemos representar um município utilizando uma planta.

A **planta** é a representação de um lugar visto de cima, isto é, na visão vertical. Os elementos existentes nesse lugar são representados, na planta, por símbolos e cores. A **legenda** da planta informa o significado dos símbolos e das cores.

Observe a imagem a seguir. Ela representa parte do município de Ribeirão Preto na visão vertical.

Parte do município de Ribeirão Preto, no estado de São Paulo. Foto de 2010.

Com base nessa imagem foi elaborada a planta a seguir.

ATIVIDADES

Recordar

1 O que é planta?

2 Qual é a função da legenda de uma planta?

Compreender

3 Os desenhos representam o mesmo lugar.

a) Compare os desenhos 1 e 2. Qual deles representa a visão vertical desse lugar?

b) Qual dos três desenhos representa a planta desse lugar?

c) Elabore no caderno a legenda dessa planta.

4 Observe a planta de parte de uma cidade.

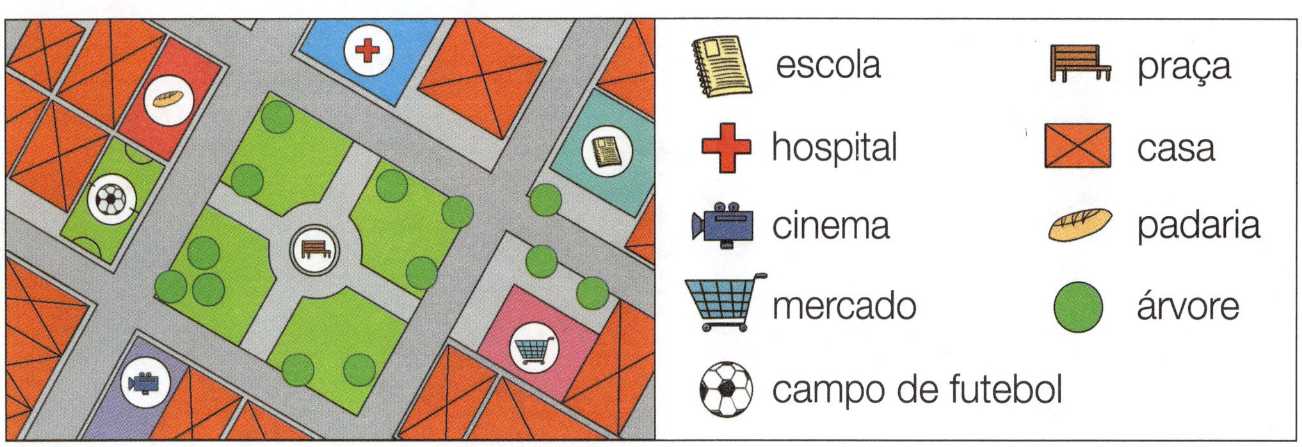

- O que existe nessa parte da cidade? Como você sabe?

TEMA 3 Orientando-se no município

Como orientar-se

Você sabe como se orientar para chegar aos diferentes lugares de seu município?

Podemos nos orientar conhecendo o lado onde o Sol "aparece" ou "se põe" no horizonte.

Glossário

Orientar-se: conhecer a posição ou direção de algo ou para algo ou alguém no espaço.

O Sol "aparece" a leste e "se põe" a oeste

O Sol sempre "aparece" do mesmo lado no horizonte pela manhã. Esse é o lado **leste**.

No fim da tarde, o Sol "se põe" do lado oposto. Esse é o lado **oeste**.

Esse esquema representa a direção dos pontos cardeais.

Orientando-se pelo Sol

Você pode se orientar tomando o Sol como referencial.

Se abrir os braços com a mão direita apontando para o lado onde o Sol "aparece", você terá a direção leste. A direção oeste estará do lado oposto. À sua frente, você terá a direção **norte** e às suas costas estará a direção **sul**.

Leste (L), oeste (O), norte (N) e sul (S) são chamados **pontos cardeais**.

OBJETO DIGITAL
Atividade

ATIVIDADES

Compreender

1 Observe o desenho e responda.

a) O número 4 indica a direção leste.
Que direção os números 1, 2 e 3 indicam?

b) Qual número indica a direção onde o Sol "aparece"?
E onde ele "se põe"?

c) Compare esse desenho com o da página anterior.
Que diferenças você observa?

V **2** **Observe a planta. Ela mostra os bairros de um município imaginário.**

- Partindo de onde está a Prefeitura, escreva qual direção devemos seguir para chegar aos seguintes bairros:

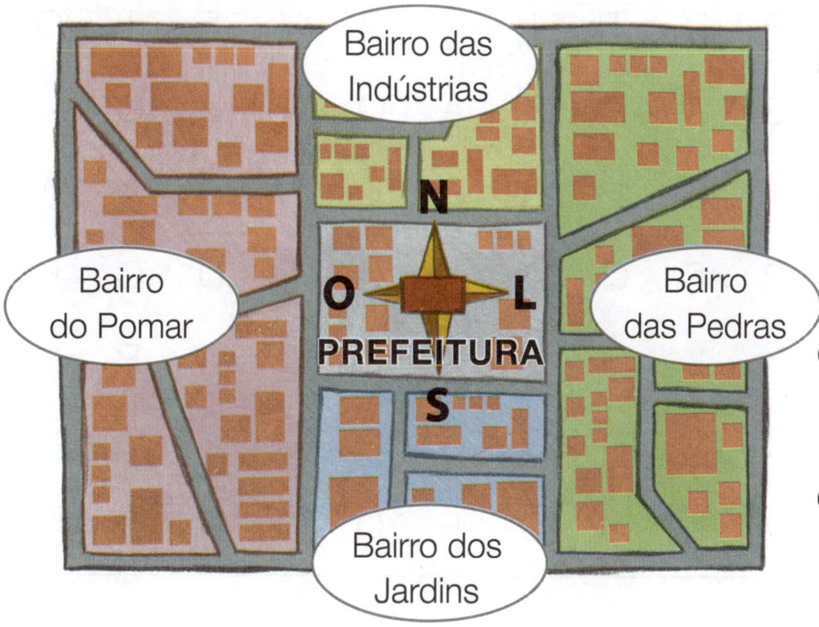

a) Bairro do Pomar.

b) Bairro das Indústrias.

c) Bairro dos Jardins.

d) Bairro das Pedras.

O que você aprendeu

Recorde as ideias principais

- Conhecer a história de um município é saber como ele se originou e quais mudanças ocorreram nele ao longo do tempo.
- Na transformação da paisagem de um lugar, alguns de seus elementos permanecem, outros desaparecem e novos elementos surgem.
- Planta é a representação de um lugar na visão vertical.
- Os pontos cardeais são: norte, sul, leste e oeste.

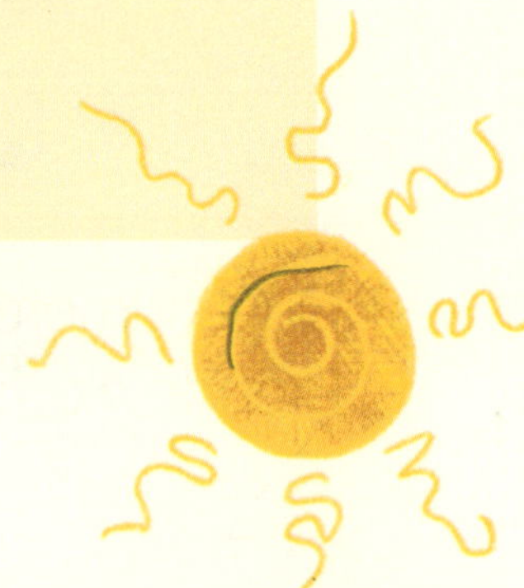

Aplique o que aprendeu

1 Encontre as palavras no diagrama.

a) Representação de um lugar visto de cima.

b) Informa o significado dos símbolos e das cores usados nas plantas.

c) Lado do horizonte onde o Sol "aparece".

d) Lado do horizonte onde o Sol "se põe".

A	S	D	F	G	Q	W	E	R	J	N	O	P	Z	X
C	T	P	L	A	N	T	A	T	Y	F	D	E	Q	V
E	V	K	E	B	H	G	F	A	I	Y	G	T	R	W
G	C	C	S	X	R	D	T	I	K	P	V	F	I	Q
F	H	A	T	B	C	W	D	X	A	O	T	F	G	J
T	Y	H	E	Q	I	G	L	E	G	E	N	D	A	W
I	F	D	S	A	P	F	Q	D	X	L	F	D	C	K
D	E	G	D	Z	K	L	G	V	X	Z	Q	W	P	H
O	E	S	T	E	J	M	D	G	G	B	G	U	O	H
T	P	G	W	J	V	K	C	S	F	Q	D	P	F	G

2 Observe a imagem.

Visão vertical de parte do município de Fortaleza, estado do Ceará, em 2010.

V

- Com base nessa imagem, elabore a planta do lugar mostrado. Siga as etapas.

Materiais de que você vai precisar

Papel transparente (papel vegetal ou papel de seda); papel branco; lápis; borracha; lápis de cor; clipes.

Etapas

1. Utilizando clipes, prenda o papel transparente sobre a foto desta página.
2. Com o lápis, contorne os elementos que aparecem na foto.
3. Pinte cada tipo de elemento com uma cor. Exemplo: casas com a cor vermelha; vegetação com a cor verde etc.
   Depois, organize a legenda e dê um título para a planta.
4. Cole a planta sobre o papel branco e exponha no mural da sala.

V 3 Leia e responda.

No bairro onde Lucas mora serão construídos um *shopping center* e um supermercado.

Observe, nas plantas, como é o bairro atualmente (planta 1) e como ele ficará depois da construção do *shopping center* e do supermercado (planta 2).

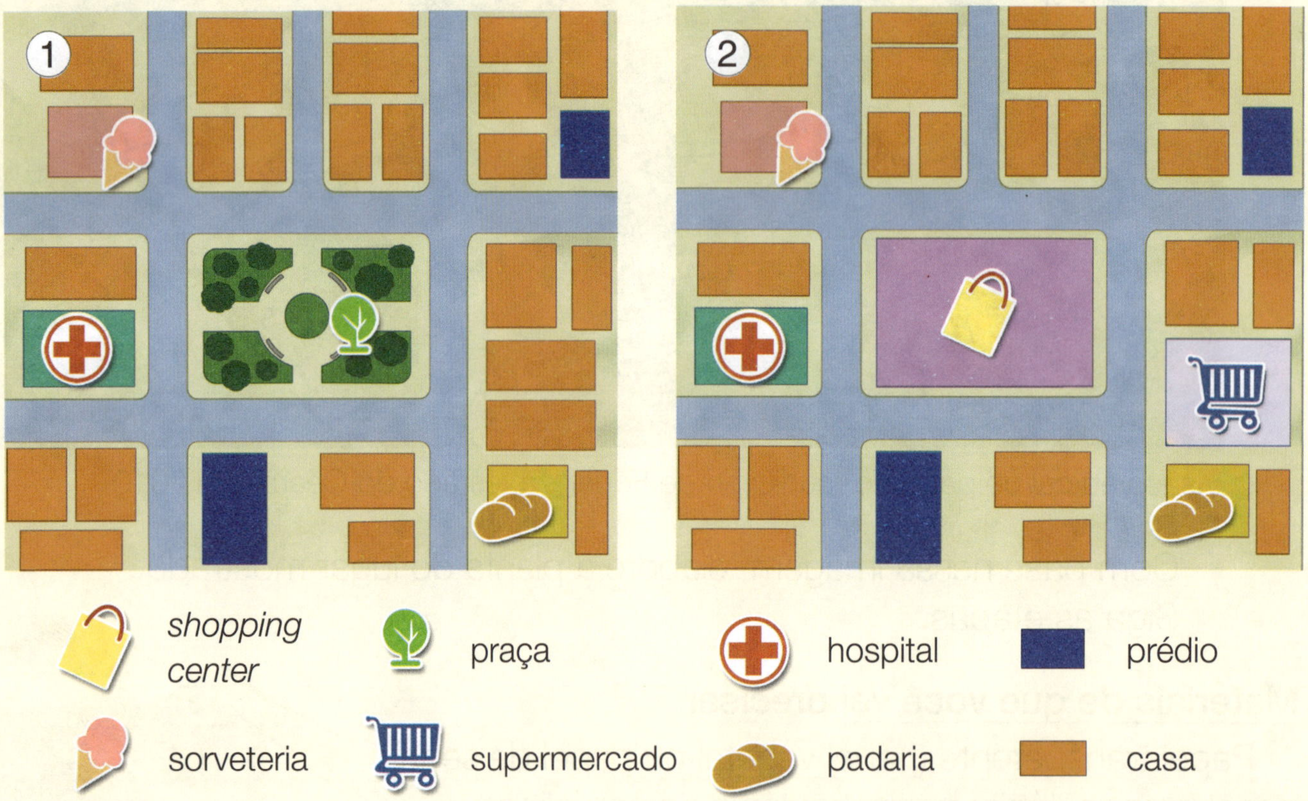

a) O *shopping center* será construído no lugar do quê?

____

b) O que há no lugar onde o supermercado será construído?

____

c) O que acontecerá com esses elementos que você citou?

____

d) Em sua opinião, essas mudanças trarão vantagens aos moradores?

____

____

V **4** As imagens mostram elementos que têm mesmo nome, mas significados diferentes. Explique essa diferença.

1

2

Pesquisar

5 Leia o texto.

Nem sempre são utilizadas as palavras norte, sul, leste e oeste para designar as direções cardeais. As palavras **oriental**, **ocidental**, **meridional** e **setentrional** são outros nomes dados aos pontos cardeais.

- Descubra a qual ponto cardeal cada uma dessas palavras corresponde.

Oriental	
Ocidental	
Meridional	
Setentrional	

O texto que você vai ler mostra uma **sequência** de fatos sobre a história de uma cidade.

A história de Caruaru

Inicialmente, Caruaru era apenas uma fazenda situada no caminho para o sertão. Ela se chamava Fazenda Caruru.

Com o passar do tempo, formou-se um povoado no local. Esse povoado foi crescendo e se transformou em cidade.

Hoje, Caruaru é uma importante cidade do estado de Pernambuco.

Parte da cidade de Caruaru, no estado de Pernambuco, em 2012.

Analise

1 Que expressões do texto indicam a passagem do tempo?

____

____

2 O que deu origem à cidade de Caruaru?

____

3 Ordene a sequência de fatos que deram origem à cidade de Caruaru.

[ ] Crescimento do povoado.

[ ] Formação do povoado.

[ ] Fundação da Fazenda Caruru.

[ ] Transformação do povoado em cidade.

Organize

4 Complete o esquema sobre a cidade de Caruaru.

História da cidade de Caruaru

Inicialmente	Caruaru era apenas uma ______________.
Com o passar do tempo	Formou-se um ______________, que foi crescendo e se transformou em ______________.
Hoje	______________ é uma importante cidade do estado de ______________.

Escreva

5 **Escreva um texto contando a história do município onde você vive. Siga estas orientações.**

a) Pesquise os fatos que mostram a origem e o desenvolvimento do município ao longo do tempo.

b) Organize esses fatos seguindo o esquema da atividade 4.

c) Escreva seu texto com base no esquema que você organizou.

d) Utilize expressões que indiquem a passagem do tempo. Por exemplo: inicialmente, no início, antigamente, com o passar do tempo, ao longo do tempo, nos dias atuais, hoje, atualmente etc.

e) Lembre-se de dar um título para o seu texto.

UNIDADE 3

A POPULAÇÃO DO MUNICÍPIO

Lendo a imagem

O desenho mostra as áreas urbana e rural de um município imaginário.

1 Identifique, no desenho, a área rural com o número 1 e a área urbana com o número 2.

2 Alguma dessas áreas se parece com o lugar onde você vive? O que é parecido? O que é diferente?

O que você sabe?

3 Que atividades de trabalho são desenvolvidas em cada uma dessas áreas?

4 Você sabe como chamamos o conjunto de pessoas que vivem na área rural? E na área urbana?

EXPRESSO
BAZAR
ÔNIBUS
BANCA DA PRAÇA
22

TEMA 1
Quem vive no município

Em que situações você já ouviu a palavra **população**?

O que é população

População é o conjunto de pessoas que vivem em um lugar.

Assim, a população do município é o conjunto de pessoas que vivem nele. Ela é formada pela população urbana e pela população rural.

A população urbana

A **população urbana** é aquela que vive nas cidades, isto é, nas áreas urbanas.

Atualmente, a maior parte da população brasileira vive nas cidades.

A população rural

A **população rural** é aquela que vive no campo, ou seja, nas áreas rurais.

Brasil: população urbana e rural (2010)

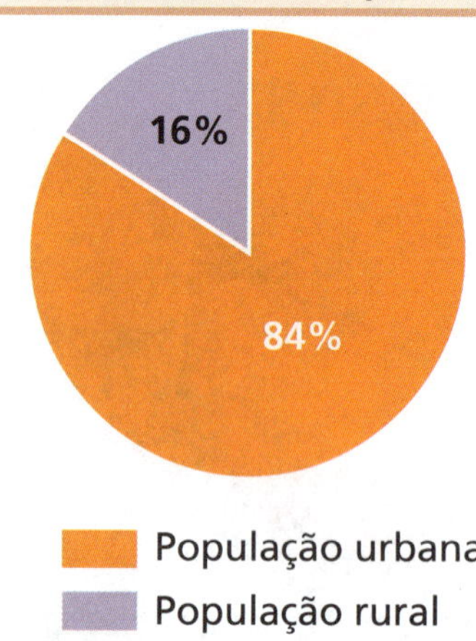

Fonte: IBGE. *Sinopse do censo demográfico 2010.* Rio de Janeiro: IBGE, 2011.

O gráfico mostra que 84% (lê-se "84 por cento") da população brasileira era urbana, em 2010. Isso quer dizer que, de cada 100 habitantes de nosso país, 84 viviam nas cidades. A população rural do Brasil era de 16%, ou seja, de cada 100 habitantes, 16 viviam no campo.

Vista do município de São Caetano do Sul, no estado de São Paulo, 2011. Esse município não tem área rural, por isso não tem população rural.

ATIVIDADES

Recordar

V **1** O que é população?

É o conjunto de pessoas que vive em um lugar

2 Diferencie população urbana de população rural.

Compreender

3 Leia o texto.

Luísa e Paulo moram na cidade.

Nas férias eles sempre vão com seus pais Ana e Carlos para o sítio da avó Manuela. Lá, eles brincam o dia inteiro com os primos Henrique e Marcos, que moram com a avó.

a) Quais personagens do texto fazem parte da população urbana? E da população rural?

b) Você faz parte da população urbana ou rural do município? Explique.

4 Como você explicaria a expressão *população brasileira*? E a expressão *população mundial*?

Pesquisar

5 Qual é a população do município onde você vive?

6 No município onde você vive, a população urbana é maior ou menor que a população rural? Explique.

TEMA 2

Gente que vem, gente que vai

As pessoas migram

Nem todas as pessoas moram no município em que nasceram. Muitas vezes, elas se mudam de um município para outro, de um estado para outro e até de um país para outro. Elas também se mudam do campo para a cidade ou da cidade para o campo.

Esse deslocamento de pessoas que deixam um lugar para viver em outro lugar é chamado **migração**.

Geralmente as pessoas migram em busca de melhores condições de vida.

V O que você acha que significa a palavra **migração**?

Grandes cidades atraem muitas pessoas

Os lugares que mais atraem migrantes são as grandes cidades, porque elas oferecem mais oportunidades de trabalho e de estudo.

Também há pessoas que se mudam para cidades menores e outras que deixam a cidade e se mudam para o campo. Essas pessoas, muitas vezes, estão em busca de um lugar mais tranquilo, longe da agitação das cidades grandes.

Terminal rodoviário de Brasília, no Distrito Federal, em 2011. Esse terminal é um ponto de chegada e de partida de migrantes.

ATIVIDADES

Recordar

V **1** O que é migração?

2 Por que as pessoas migram?

Compreender

3 Compare os gráficos.

Brasil: população rural e urbana (1940) | **Brasil: população rural e urbana (2010)**

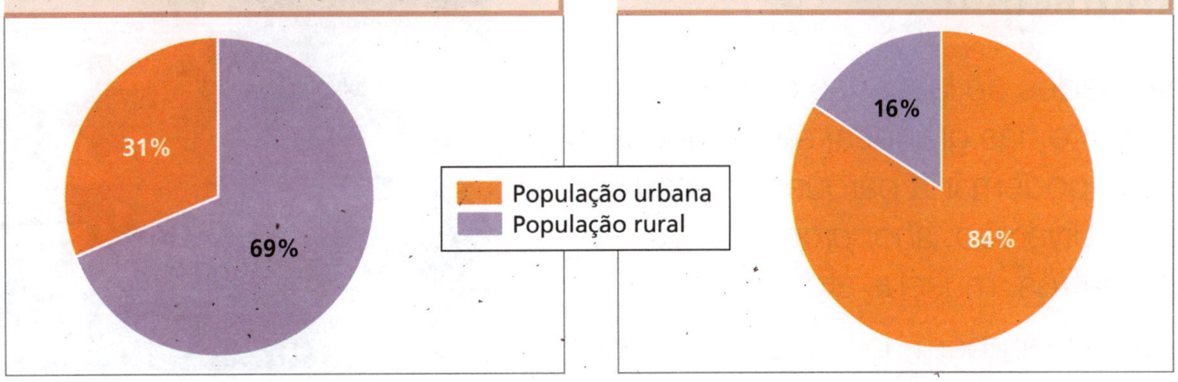

Fonte: IBGE. *Anuário estatístico do Brasil*. Rio de Janeiro: IBGE, 2002.

Fonte: IBGE. *Sinopse do censo demográfico 2010*. Rio de Janeiro: IBGE, 2011.

a) Nos gráficos, o que a cor laranja representa? E a cor lilás?

b) Em 1940, de cada 100 habitantes, quantos viviam no campo? ☐

c) E em 2010? ☐

d) De acordo com os gráficos, o que aconteceu com a população brasileira entre 1940 e 2010?

TEMA 3

As atividades da população no município

O trabalho das pessoas no município

Nas áreas urbanas, as pessoas podem trabalhar em estabelecimentos comerciais, escritórios, bancos e em vários outros serviços. Elas também podem trabalhar nas indústrias e nos serviços públicos.

Nas áreas rurais, geralmente as pessoas trabalham no cultivo de plantações e na criação de animais. Elas podem trabalhar, também, na coleta de frutos, na pesca, na exploração de madeira e na extração de minérios.

A diversão das pessoas no município

As atividades de lazer nas cidades, principalmente nas grandes, são variadas. As pessoas podem ir a parques, zoológicos, parques de diversão, *shopping centers*, cinemas, teatros, museus etc.

No campo também há muitas atividades de lazer, por exemplo, pesca em rios, passeios ecológicos, esportes de aventura, entre outros.

Interior de indústria de secadores de cabelo, no município de São Paulo, no estado de São Paulo. Foto de 2010.

Plantação de feijão-de-corda, no município de Arapiraca, no estado de Alagoas. Foto de 2012.

Rapel na Cachoeira das Três Batalhas, no município de Águas da Prata, no estado de São Paulo. Foto de 2011.

ATIVIDADES

Compreender

1 Circule os desenhos de acordo com a legenda.

atividades predominantes na cidade — atividades predominantes no campo

1

2

3

4

5

6

a) Quais desenhos mostram pessoas trabalhando? Em que elas trabalham?

____

____

b) Quais desenhos mostram pessoas em atividade de lazer?

____

2 Quais atividades de trabalho predominam no lugar onde você vive?

____

____

3 Que atividades de lazer há no lugar onde você vive?

TEMA 4

Que direção tomar para se divertir?

Os pontos cardeais e os colaterais ajudam na orientação e na localização

Você já estudou que norte é uma das direções indicadas pelos pontos cardeais.

Os **pontos cardeais** são: norte (N), sul (S), leste (L) e oeste (O).

Entre os pontos cardeais estão os pontos colaterais.

Os **pontos colaterais** são: nordeste (NE), sudeste (SE), sudoeste (SO) e noroeste (NO). Cada um deles indica uma direção ou rumo.

Os pontos cardeais e colaterais indicam direções de orientação e localização. Esses pontos estão representados no esquema ao lado, chamado **rosa dos ventos.**

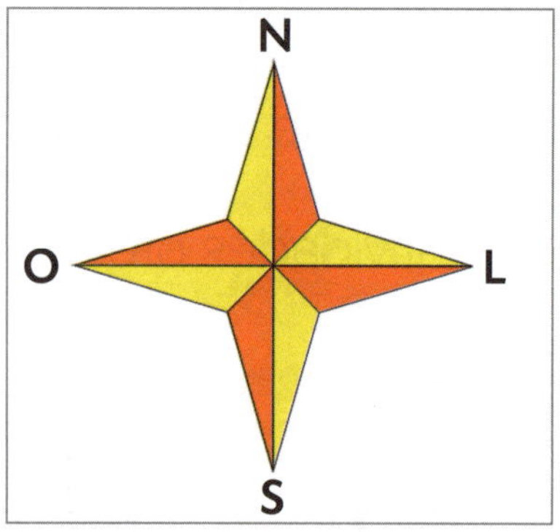

Rosa dos ventos com os pontos cardeais.

Rosa dos ventos com os pontos cardeais e colaterais.

A rosa dos ventos indica direções de orientação e localização. De acordo com o desenho, para chegar ao parque de diversões, a menina deve seguir na direção norte.

ATIVIDADES

Compreender

1 Observe o desenho.

a) Para ir ao circo, Pedro deve seguir a direção ________________.

b) Para chegar à biblioteca, ele deve tomar a direção ________________.

c) Se Pedro caminhar na direção noroeste, ele chegará ao ________________.

Mas, se for na direção oeste, ele chegará à ________________.

d) Para chegar ao ________________, Pedro deverá seguir a direção norte.

2 Que direção Pedro deve seguir para chegar:

a) à escola? ________________

b) ao *shopping*? ________________

c) ao teatro? ________________

O que você aprendeu

Recorde as ideias principais

- A população do município é o conjunto de pessoas que vivem nele.
- A população da cidade é chamada população urbana.
A população do campo é chamada população rural.
- Migração é o deslocamento de pessoas que deixam um lugar para viver em outro.
- Os pontos cardeais e os pontos colaterais indicam direções de orientação e localização.

Aplique o que aprendeu

1 Procure no diagrama seis palavras-chave estudadas nesta unidade.

M	A	R	U	R	A	L	H	C	K	M	X	P
B	Z	D	G	T	J	F	B	A	H	I	O	N
Q	C	I	D	A	D	E	V	M	T	G	Z	Ç
O	Y	Q	Ã	C	L	N	S	P	V	R	M	I
H	U	R	B	A	N	A	P	O	P	A	B	Z
B	W	T	V	X	R	S	I	G	N	Ç	Q	V
V	R	N	P	O	P	U	L	A	Ç	Ã	O	S
S	M	Z	T	H	L	B	Ç	D	I	O	R	P

- Escreva um pequeno texto utilizando as palavras encontradas no diagrama.

____

____

____

____

2 Observe as fotos.

Paisagem no município de Petrolina, estado de Pernambuco, 2012.

Paisagem no município de Paraisópolis, estado de Minas Gerais, 2012.

a) A foto 1 mostra uma área: ☐ rural. ☐ urbana.

b) A foto 2 mostra uma área: ☐ rural. ☐ urbana.

c) Quem vive no lugar mostrado na foto 1 faz parte da:

☐ população rural. ☐ população urbana.

d) Que tipos de atividades de trabalho as pessoas podem realizar no lugar mostrado na foto 1?

____

e) Quem vive no lugar mostrado na foto 2 faz parte da:

☐ população rural. ☐ população urbana.

f) Que tipos de atividades de trabalho as pessoas podem realizar no lugar mostrado na foto 2?

____

3 Observe o desenho.

- Que direção Paula deve seguir para chegar:

a) à plantação de laranjas? ______

b) à plantação de maçãs? ______

c) à horta? ______

d) ao celeiro? ______

e) à casa? ______

f) ao milharal? ______

g) à plantação de limões? ______

h) ao lago? ______

4 Leia o texto e responda.

Um futuro melhor

Há 15 anos, José Andradino se mudou para a cidade de Cuiabá, no estado de Mato Grosso. Ele queria arrumar um emprego na cidade para ganhar mais do que ganhava como agricultor.

A primeira coisa que ele fez quando chegou foi passear pelas ruas e conhecer a cidade. Logo conseguiu um trabalho de vendedor numa floricultura.

Como entendia de jardinagem, Andradino foi mostrando ao dono como cuidar melhor das flores e deixá-las mais bonitas. Depois de algum tempo, ele ficou sócio da floricultura.

Glossário

Jardinagem: arte de cultivar e manter um jardim.

a) Onde José Andradino morava: no campo ou na cidade? Como você sabe?

b) Para onde José Andradino migrou? Por que ele migrou?

c) José Andradino conseguiu o que queria? Explique.

d) Você gostaria de se mudar para outro lugar? Em caso afirmativo, qual seria o lugar? Por quê?

Formação cidadã

Os serviços públicos do município

A qualidade de vida dos habitantes de um município depende dos serviços públicos existentes nele.

Serviços públicos são os serviços essenciais necessários para assegurar e melhorar as condições de vida das pessoas.

Entre esses serviços destacam-se: abastecimento de água tratada, coleta de esgoto, coleta de lixo, iluminação pública, transporte público e serviços de saúde, educação, segurança, lazer e cultura.

Os serviços públicos são mantidos com o dinheiro da arrecadação de impostos e taxas que os moradores do município pagam ao governo. Esses serviços são responsabilidade dos governantes.

OBJETO DIGITAL *Atividade*

Todas as pessoas têm direito a serviços públicos de qualidade. Mas também têm o dever de zelar por eles.

Parada de ônibus no município de Vitória, estado do Espírito Santo, 2011.

Policiamento no município de Rio de Contas, estado da Bahia, 2012.

Biblioteca pública no município de Crato, estado do Ceará, 2010.

Limpeza de rua no município de Curitiba, estado do Paraná, 2012.

Compreenda a leitura

1 Marque os desenhos que mostram exemplos de serviços públicos.

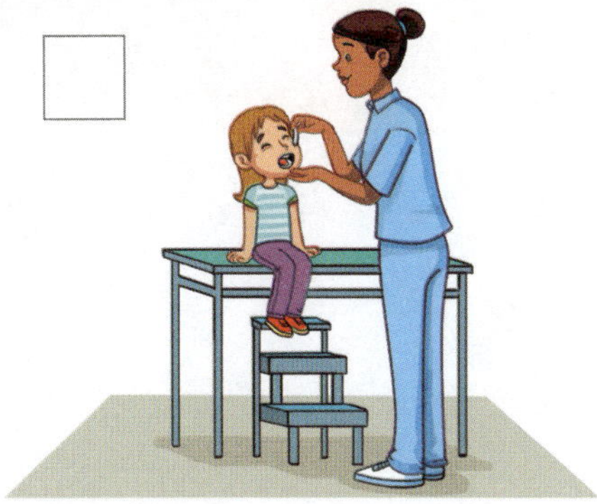

2 Por que devemos zelar pelos serviços públicos? Converse com os colegas e o professor sobre isso.

Vamos fazer

Você deve ter percebido que alguns serviços são públicos e outros não.

Vamos fazer um painel mostrando exemplos de serviços públicos e de serviços que não são considerados públicos. Siga as etapas e bom trabalho!

Etapas

1. Procurem em revistas, jornais, livros e na internet imagens que mostrem diversos tipos de serviços, públicos ou não.
2. Colem em uma cartolina as imagens que mostram exemplos de serviços públicos. Em outra cartolina, colem as imagens dos demais serviços. Lembrem-se de dar um título para cada grupo de serviços.
3. Exponham as cartolinas na sala de aula.

UNIDADE 4

A ÁGUA NO MUNICÍPIO

Rio poluído no município de Campina Grande, estado da Paraíba, 2010.

Estação de tratamento de água Guaraú, no município de São Paulo, estado de São Paulo, 2009.

Lendo as imagens

1 O que você observa nas fotos?

2 Na foto 2, como o rio está sendo aproveitado?

O que você sabe?

3 De que outras maneiras as pessoas podem aproveitar os rios?

4 A água de um rio precisa ser tratada antes de ser consumida? Por quê?

5 O que pode causar a poluição de um rio?

Pescador no Rio São Francisco, no município de Pirapora, estado de Minas Gerais, 2012.

TEMA 1

Os rios

O que são os rios?

Os **rios** são cursos naturais de água.

Geralmente, os rios nascem de olhos-d'água que afloram na superfície.

Glossário

Olhos-d'água: nome dado aos locais onde aparece uma fonte ou mina de água.

O rio: da nascente à foz

Ao longo do caminho que o rio percorre, ele pode receber água de outros rios e fazer muitas curvas.

Observe o desenho para conhecer as partes de um rio.

ATIVIDADES

Recordar

1 Marque a afirmativa correta e corrija aquela que você considerou errada.

a) A nascente é o lugar onde o rio deságua e a foz é o lugar onde o rio nasce. ☐

b) Afluente é um rio que deságua no outro e meandro é a curva feita pelo rio. ☒

O nacente e o lugar onde o rio naiçe e a foz é o lugar onde o rio derságuo

Compreender

2 Escreva qual parte do rio é mostrada em cada foto.

Meandro

Rio no Parque Estadual do Cantão, município de Caseara, estado do Tocantins, 2011.

Queda-d'água.

Rio Iguaçu, município de Foz do Iguaçu, estado do Paraná, 2012.

TEMA 2 O aproveitamento dos rios

A importância da água dos rios

A água dos rios é utilizada em muitas atividades do nosso dia a dia, não só para beber. Você sabe como a água dos rios pode ser aproveitada?

Embarcação no Rio Paraguai, município de Cáceres, estado de Mato Grosso. Foto de 2012.

Maneiras de aproveitar a água dos rios

Por ser fonte de água doce, os rios servem para abastecer a população dos municípios. Com essa água também é possível irrigar as plantações e matar a sede de animais.

Os rios que correm em áreas planas são navegáveis e utilizados para o transporte de pessoas e mercadorias. Já nos rios em que há quedas-d'água é possível produzir energia elétrica.

Além disso, as pessoas podem conseguir seu sustento por meio da pesca ou utilizar os rios para atividades de lazer.

Usina hidrelétrica de Sobradinho, no Rio São Francisco, estado da Bahia, foto de 2012. As usinas hidrelétricas utilizam a força das águas para gerar energia elétrica.

ATIVIDADES

OBJETO DIGITAL
Atividade

Recordar

1 Como as pessoas podem aproveitar os rios?

Compreender

2 Identifique o tipo de aproveitamento do rio mostrado em cada desenho.

Pesquisar

3 Escolha um rio do município onde você vive e pesquise as informações solicitadas abaixo em livros, jornais, revistas e na internet.

- Nome do rio: ______.
- Lugar da nascente: ______.
- Lugar da foz: ______.
- O rio tem algum afluente? Qual? ______.
- O rio é aproveitado para:

☐ abastecimento	☐ irrigação	☐ navegação
☐ pesca	☐ lazer	☐ produção de energia elétrica

TEMA 3

A água que consumimos

Como a água chega às nossas casas

A água retirada dos rios para abastecer a população precisa ser tratada antes de ser consumida.

Nas **estações de tratamento**, as impurezas da água são eliminadas com a aplicação de produtos químicos e a realização de várias filtragens.

Depois de limpa, a água é armazenada em reservatórios.

Por fim, ela é distribuída para o município.

Para onde vai a água que sai das casas?

A água suja e os dejetos produzidos nas moradias, nos estabelecimentos comerciais, nas indústrias e escolas, por exemplo, voltam para os rios na forma de **esgoto**.

Antes de ser lançado nos rios, o esgoto deve passar por estações de tratamento para evitar a contaminação das águas.

ATIVIDADES

Recordar

1 O que acontece com a água nas estações de tratamento?

Compreender

2 Por que a água precisa ser tratada antes de ser consumida?

3 Depois que a água é captada no rio, para onde ela vai? Pinte o caminho.

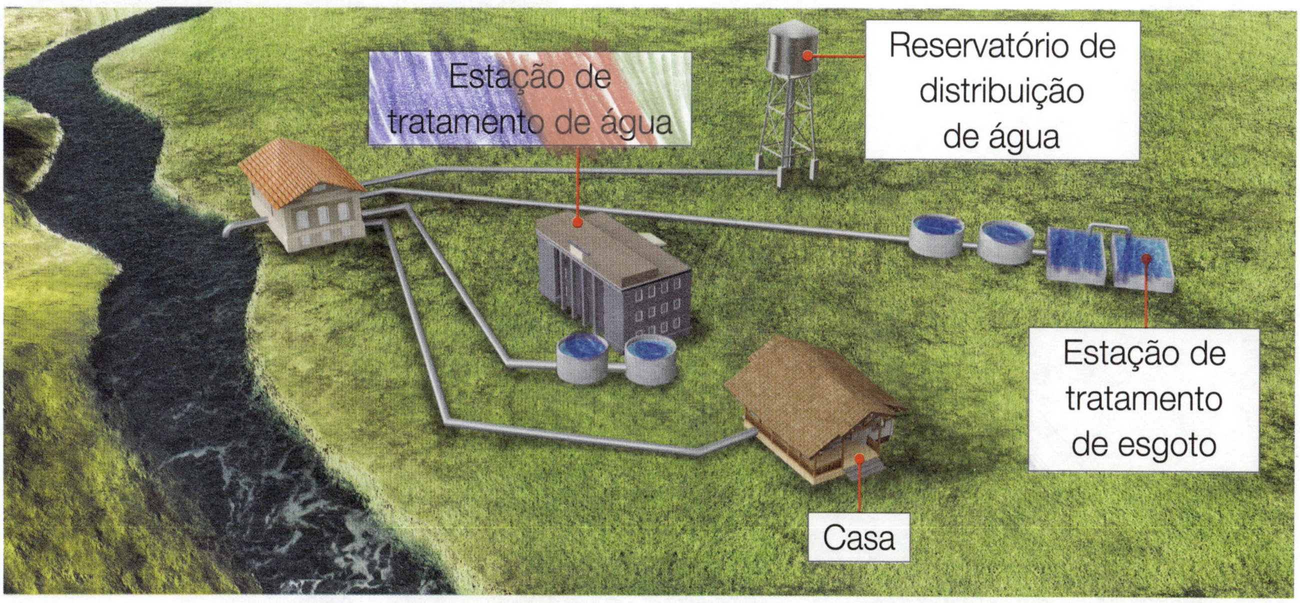

4 De onde vem a água que você consome?

5 Para onde vai a água suja produzida em sua casa?

6 Há estações de tratamento de água e esgoto em seu município?

TEMA 4

É preciso cuidar dos rios

Muitos rios estão poluídos

Quando se joga lixo nos rios, suas águas ficam poluídas ou contaminadas.

Isso também ocorre quando se lança esgoto sem tratamento nos rios.

Lixo no Canal do Arruda, município do Recife, estado de Pernambuco, 2012.

Cuidados para não poluir ou contaminar os rios

A água poluída ou contaminada dos rios pode causar doenças e prejudicar animais e plantas.

Por isso, é importante não jogar lixo nos rios e tratar o esgoto. Fazendo isso ajudamos a preservar a qualidade das águas dos rios.

Estação de tratamento de esgotos no município de São Paulo, estado de São Paulo, 2012.

ATIVIDADES

1 Observe a foto, leia a legenda e responda.

Em muitas cidades brasileiras, o esgoto é lançado nos rios sem nenhum tratamento. Na foto, Rio Poti, no município de Teresina, estado do Piauí, em 2010.

a) O que está poluindo as águas do rio mostrado na foto?

O esgoto e lixo

b) Imagine que a água desse rio abastece a população do município. O que pode acontecer se as pessoas consumirem essa água sem tratamento?

Doenças, prejudica animais e plantas

c) O que deve ser feito para evitar a poluição do rio?

Não jogando lixo na rua, sem deixar água parada

2 No lugar onde você mora há rios poluídos? Se a resposta for positiva, converse com um colega sobre a causa dessa poluição e o que poderia ser feito para evitá-la. Sim

O que você aprendeu

Você já leu o **Almanaque** hoje?

Recorde as ideias principais

- Os rios têm nascente, leito e foz.
- O rio afluente despeja suas águas em outro rio.
- Os rios podem ser aproveitados para abastecimento, navegação, pesca, lazer e produção de energia elétrica.
- Nas estações de tratamento, as impurezas da água são eliminadas.
- Para evitar a contaminação das águas dos rios, o esgoto deve ser tratado antes de ser lançado nos rios.

Aplique o que aprendeu

1 Escreva o nome de cada parte do rio nos locais corretos.

Nascente	Afluente	Meandro	Queda-d'água	Foz

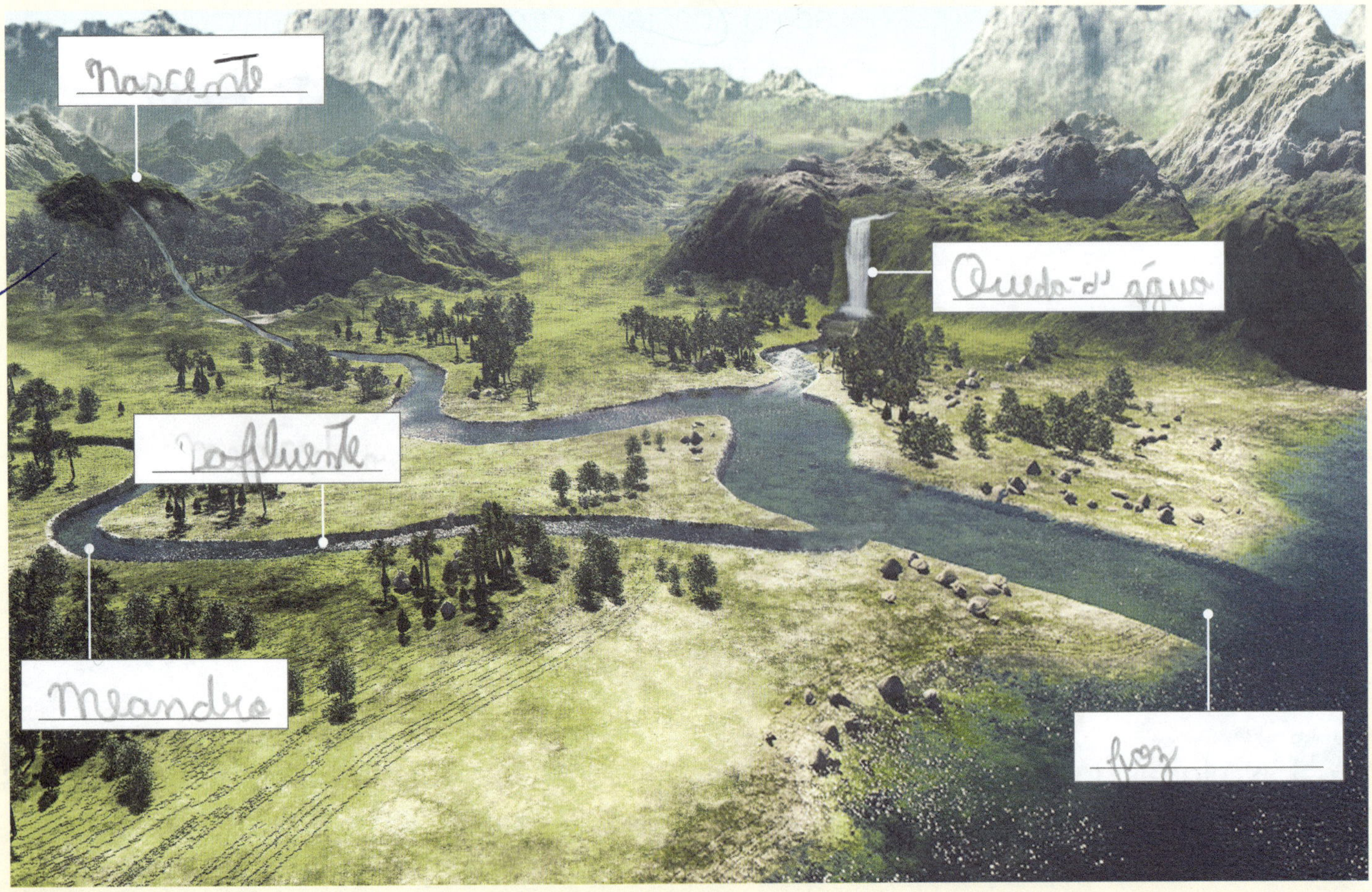

2 Observe o desenho.

a) Onde é a foz do Rio do Pardal?

b) E a foz do Rio do Sabiá e do Rio das Araras?

c) Dos rios mostrados no desenho, quais são afluentes? Explique.

d) Que parte do Rio do Sabiá o número 1 indica?

3 Observe os desenhos.

a) Por que o menino ficou doente?

Porque ele pegou água contaminada.

b) Você acha que em todos os lugares do Brasil as pessoas têm acesso à água tratada e à coleta de esgoto? Por quê?

Não, Porque nem todos os domicílios têm acesso a água tratada e a coleta de lixo.

4 Qual é a importância das estações de tratamento de água?

para as pessoas não beberem água contaminada.

5 Qual é a importância das estações de tratamento de esgoto?

Para não poluir o rio.

6 O texto que você vai ler se refere a um bem da natureza muito importante. Tente adivinhar que bem é este.

O que é? O que é?

Com cheiro, sabor ou cor, é um perigo.
Inodora, insossa e incolor, vale mais
do que ouro.
Não é de ninguém, mas pertence a todos.
Alguns desperdiçam, outros têm pouco.
Mas se o mundo não se cuidar,
vamos todos acabar sem nada no poço.

Vale mais do que ouro. Disponível em: Unicef Kids <www.unicefkids.org.br>. Acesso em: 18 out. 2012.

a) Adivinhou o que é?

b) Procure no dicionário o significado das palavras grifadas no texto.

c) Por que com cheiro, sabor ou cor esse bem da natureza é um perigo?

d) Por que esse bem da natureza vale mais do que ouro?

e) Você considera importante não desperdiçar esse bem da natureza? Por quê?

7 Você já pensou como seria seu dia a dia sem água? Converse com os colegas a respeito e anote sua conclusão no caderno.

Evitando o desperdício de água

Formação cidadã

A economia de água beneficia todas as pessoas, porque a água é um recurso cada vez mais escasso e pode acabar um dia.

Todos nós podemos consumir menos água, não é mesmo?

Veja abaixo algumas medidas simples que ajudam a evitar o desperdício de água.

Fechar a torneira enquanto escova os dentes. Usar um copo com água para enxaguar a boca.

Fechar a torneira enquanto ensaboa a louça.

Tomar banho mais rápido.

Evitar usar mangueira para lavar o quintal e a calçada. Dar preferência para vassoura e balde.

Compreenda a leitura

1 Quem se beneficia com a economia de água? Por quê?

____

____

____

2 Como as pessoas podem contribuir para evitar o desperdício?

____

____

____

____

____

____

Vamos fazer

Nem todas as pessoas sabem por que é importante economizar água. Mas você sabe e até conhece algumas atitudes para colaborar com isso. Vamos ajudar?

Que tal começar alertando as pessoas que moram com você? Siga as etapas e bom trabalho!

Etapas

1. Reúna-se com seus colegas e pensem em atitudes que podem evitar o desperdício de água em casa.
2. Façam uma lista com as principais atitudes.
3. Escrevam avisos chamando a atenção para cada uma dessas atitudes.
4. Em casa, afixem os avisos nos lugares apropriados: ao lado da pia do banheiro, ou da cozinha, ao lado do chuveiro etc.

UNIDADE 5 A AGRICULTURA

Cana suculenta, 2008, de Constância Nery.

Lendo a imagem

1 Essa imagem representa uma paisagem urbana ou rural?

2 O que mais chama a sua atenção nessa imagem?

3 O que as pessoas estão fazendo?

O que você sabe?

4 A imagem representa uma atividade desenvolvida no campo. Que nome tem essa atividade?

5 Qual é o principal objetivo dessa atividade?

6 Você conhece alguma pessoa que trabalha nessa atividade?

TEMA 1 A atividade agrícola

O que é agricultura

Agricultura é a atividade de cultivar a terra.

A atividade agrícola consiste em preparar o solo, plantar e, no tempo certo, colher o que foi produzido.

A agricultura fornece alimentos para as pessoas e matéria-prima para as indústrias.

Agricultura de subsistência e agricultura comercial

Há agricultores que praticam a **agricultura de subsistência**. Nesse tipo de agricultura o trabalho é familiar, ou seja, é realizado pelas pessoas da família, sem remuneração. A produção destina-se ao consumo do agricultor e de sua família.

Existem agricultores que praticam a **agricultura comercial**. Nesse tipo de agricultura o trabalho é remunerado e a produção destina-se ao comércio. Os produtos podem ser vendidos no **comércio interno**, isto é, dentro do país, e também no **comércio externo**, isto é, fora do país.

Glossário

Matéria-prima: substância utilizada para fabricar alguma coisa.

Subsistência: refere-se a sobrevivência, sustento.

Remuneração: pagamento em dinheiro por trabalho realizado.

Colheita de milho na área rural do município de Itararé, estado de São Paulo, 2012.

ATIVIDADES

Recordar

1 Em que consiste a atividade agrícola?

Prepara o solo, plantar e, no tempo certo, Colhe o que for produzido.

Compreender

2 Pinte cada quadrinho conforme a legenda.

■ agricultura de subsistência ■ agricultura comercial

- ☐ Produtos destinados ao comércio.
- ☐ Produtos destinados ao sustento da família.
- ☐ Os trabalhadores são os membros da família.
- ☐ Os trabalhadores são remunerados.

3 Leia as informações do quadro.

> Marcelo e Pedro são agricultores; eles cultivam frutas.
>
> A fazenda de Marcelo produz manga, que é vendida para a França, um país da Europa.
>
> A fazenda de Pedro produz uva, que é vendida para uma fábrica de sucos do próprio município.

- Qual dos dois agricultores pratica comércio externo? Justifique.

Marcelo que vende para França

4 A agricultura é uma atividade que se destaca no seu município? Explique. Não moramos na parte urbana

TEMA 2 Condições favoráveis à agricultura

Algumas condições favorecem a atividade agrícola

Algumas condições contribuem para o desenvolvimento da atividade agrícola: solos férteis, terrenos planos e existência de água.

- Os solos férteis têm nutrientes que ajudam o crescimento das plantas.
- Os terrenos planos facilitam o cultivo e o uso de máquinas agrícolas.
- A existência de água é importante para regar as plantações.

Glossário

Nutrientes: substâncias necessárias aos organismos para a manutenção da vida.

Plantação de hortaliças sendo irrigada no município de Petrópolis, estado do Rio de Janeiro, 2012.

Colheita mecanizada de soja em Tangará da Serra, estado de Mato Grosso, 2012. Terrenos planos favorecem a utilização de máquinas na agricultura.

ATIVIDADES

Recordar

1 Circule as condições que favorecem a prática da agricultura.

existência de água	solo fértil	terreno montanhoso
falta de água	solo improdutivo	terreno plano

Compreender

2 João é agricultor e vai comprar um sítio. Observe a tabela que apresenta as principais características de três sítios.

	Principais características dos sítios		
Sítio	**Solo**	**Terreno**	**Água**
Alegria	Fértil	Plano	Existente
Esperança	Improdutivo	Plano	Ausente
Três Irmãos	Fértil	Montanhoso	Existente

a) Em sua opinião, qual desses sítios João deve comprar? Justifique sua resposta.

O sítio Alegria porque o terreno plano solo é fértil e tem agua.

b) Por que João não deve comprar um dos outros sítios?

Porque não tem solo fértil terreno plano e água existente

Do campo à nossa mesa

Muitos produtos agrícolas podem ser consumidos *in natura*

Você já deve ter comido uma maçã na hora do lanche. A maçã é um alimento produzido pela agricultura que pode ser consumido *in natura*, isto é, sem passar por transformação na indústria.

Há muitos produtos agrícolas consumidos *in natura*: verduras, legumes, frutas etc.

Os produtos agrícolas podem ser transformados em alimentos industrializados

Muitos produtos da agricultura podem ser consumidos como alimentos industrializados. A maçã, por exemplo, pode ser consumida na forma de suco fabricado pela indústria.

A maçã é um produto agrícola que pode ser consumido *in natura* ou em forma de suco fabricado pela indústria.

ATIVIDADES

Recordar

1 Complete as frases utilizando corretamente as palavras do quadro.

agricultura	indústria	*in natura*	industrializados

a) Os produtos consumidos *in Natura* não são transformados pela *industria*.

b) Muitos produtos da *agricultura* são utilizados na fabricação de alimentos *industrializado*.

Compreender

2 Desenhe, no quadro, outros exemplos de produtos agrícolas que podem ser consumidos *in natura* ou transformados pela indústria.

Produto agrícola	Consumo *in natura*	Alimento industrializado

	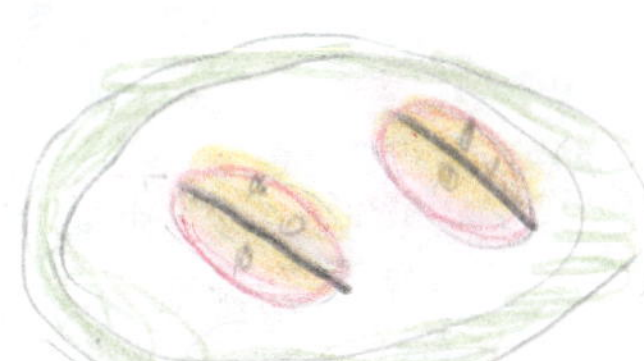	

TEMA 4

A agricultura brasileira

A produção agrícola brasileira

No Brasil, a produção agrícola é bastante diversificada.

Observe o mapa a seguir. Ele mostra os principais produtos agrícolas do Brasil e onde eles são mais produzidos.

Brasil: principais produtos agrícolas (2011)

Fonte: IBGE. *Produção agrícola municipal*: culturas temporárias e permanentes 2011. Rio de Janeiro: IBGE, 2012.

ATIVIDADES

Compreender

1 Parte da soja produzida no Brasil é vendida para outros países. Que estados brasileiros produzem soja?

Rio grande o sul, Mato groso, Bahia, Paraná, goiás, Maranham, Santa Catarina, minas geras, Tontis, e mato groso do sul

2 Arroz com feijão é um prato típico da culinária brasileira. Complete o quadro com os estados que produzem esses dois alimentos.

Alimento	Estados produtores
Arroz	Rio grande do sul, Santa Catarina Pará, Rio Grande do sul, Santa Catarina, São paul Ceará
Feijão	Pará, minas geras, Bahia, Pernabuca, Mato groso e goiás

3 De acordo com o mapa, liste os produtos cultivados no estado onde você vive.

Tomate, abacaxi, Cana-de-açuca e laranja

- Dos produtos que você citou, quais podem ser consumidos *in natura*?

Pesquisar

4 Pesquise em livros, na internet ou pergunte a familiares quais são os produtos industrializados que têm a soja como principal matéria-prima.

Óleo comestível, farinha de soja e leite de soja

O que você aprendeu

OBJETO DIGITAL *Atividade*

Recorde as ideias principais

- Agricultura é a atividade de cultivar a terra.
- A agricultura pode ser de subsistência ou comercial.
- Os produtos agrícolas podem ser vendidos no comércio interno e no comércio externo.
- Solos férteis, terrenos planos e existência de água são condições que favorecem a agricultura.
- A atividade agrícola fornece alimentos que podem ser consumidos *in natura* ou transformados pela indústria alimentícia.
- A produção agrícola brasileira é muito diversificada.

Aplique o que aprendeu

1 Carlos mora em um sítio onde cultiva alimentos.

a) Qual é o nome dado para a atividade que Carlos pratica?

Subsistência ou Comercial

b) Que condições favorecem essa atividade?

Os produtos agricoras podem ser vendido no comercio interno ou externo

c) A produção obtida por Carlos é de subsistência. O que isso quer dizer?

fornece alimentos que podem ser consumidos in natura ou transformados pela indústria alimentícia

2 Qual das afirmativas a seguir está correta?

- [x] No comércio externo os produtos são vendidos para fora do país onde são produzidos.
- [ ] No comércio externo os produtos são vendidos no país onde são produzidos.

• Por que a outra afirmativa está errada?

Não, Porque no país que se Produz o comecio e vendido o exterio

3 Observe a foto.

Cultivo de arroz no Vietnã, um país da Ásia, em 2012.

a) O terreno mostrado na foto é:

- [ ] plano.
- [x] montanhoso.

b) Esse tipo de terreno favorece a agricultura? Por quê?

Não, Porque que a terra Não e fertil

c) O que foi feito no terreno para possibilitar o cultivo?

Trabramento da Terra

4 Marque os desenhos que mostram alimentos *in natura*.

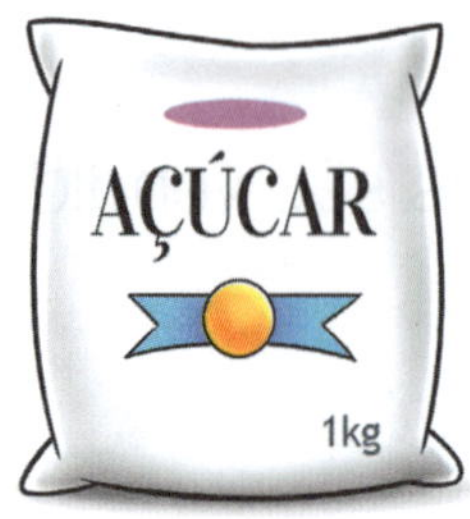

5 Observe a sequência de desenhos.

1

2

3

a) Que produto o consumidor está comprando?

geleia

b) Qual é a matéria-prima utilizada para fabricar esse produto?

laraja

c) Que atividade produziu essa matéria-prima?

A Coleita

d) De que outra forma a laranja pode ser consumida?

Em suco, doce de lanja e bolo de laranja

e) Elabore uma legenda para cada quadrinho da sequência.

1: Plantio da laraja.

2: Producao de gleia

3: A venda do produto

6 Observe o gráfico.

Brasil: principais estados produtores de soja (2011)

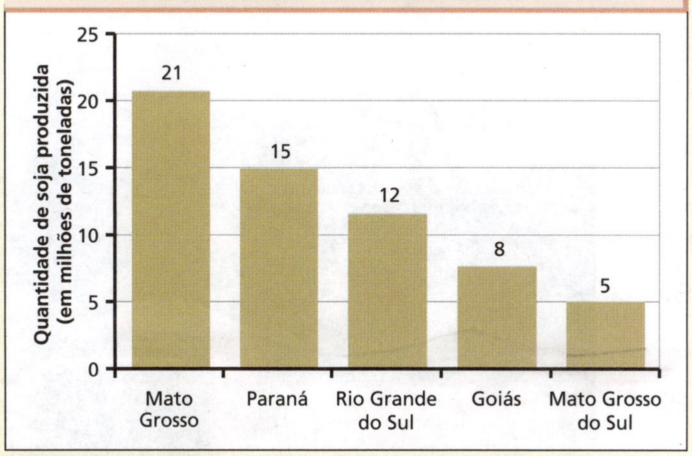

Valores arredondados para fins didáticos.
Fonte: IBGE. *Anuário estatístico do Brasil 2011*. Rio de Janeiro: IBGE, 2012.

a) O que o gráfico ao lado mostra?

b) Entre os principais estados produtores de soja, qual produziu mais soja em 2011? E qual produziu menos?

Mato Grosso, Mato Grosso do sul

c) Qual foi a quantidade de soja produzida por esses estados?

21 e 5

Pesquisar

7 Você sabe o que é tonelada? Pesquise no dicionário e escreva o que descobriu.

Unidade de medida de massa equivalente a mil quilograma (1 000 Kg)

O texto a seguir **descreve** a agricultura comercial.

A agricultura comercial

A agricultura comercial é aquela em que a produção agrícola se destina ao comércio. Nesse tipo de agricultura, em geral, pratica-se a **monocultura**, isto é, o cultivo de um único produto.

Geralmente, a agricultura comercial ocorre em **grandes propriedades** e utiliza **técnicas modernas de cultivo** e **diferentes máquinas** (tratores, colheitadeiras etc.).

Na agricultura comercial, utiliza-se **trabalho remunerado**, isto é, os trabalhadores recebem pagamento em dinheiro pelas atividades que realizam.

Colheita de soja com máquinas no município de Castro, no estado do Paraná. Foto de 2011.

Analise

1 Esse texto tem título? Qual é?

____

____

2 Circule as informações sobre a agricultura comercial que aparecem no texto.

- O que é a agricultura comercial.
- As principais consequências da agricultura comercial.
- Características da agricultura comercial.
- A evolução da agricultura comercial ao longo do tempo.

3 O que as palavras e expressões em negrito, no texto, destacam?

Organize

4 Complete as informações do esquema sobre a agricultura comercial.

Agricultura comercial

- Destino da produção: ______________.
- Sistema de cultivo: ______________.
- Tamanho da propriedade: ______________.
- **Procedimentos:** técnicas ______________ de cultivo e uso de diferentes ______________.
- Tipo de trabalho: ______________.

Escreva

5 Escreva um texto sobre a **agricultura de subsistência** com base nas informações do esquema a seguir.

Agricultura de subsistência

- **Destino da produção:** sustento do agricultor e de sua família.
- **Sistema de cultivo:** a policultura.
- **Tamanho da propriedade:** pequena.
- **Procedimentos:** técnicas simples sem o uso de máquinas.
- **Tipo de trabalho:** familiar.

Glossário

Policultura: cultivo de vários produtos.

- Destaque, no seu texto, as principais informações. Você pode utilizar palavras escritas em cor diferente ou sublinhar. Lembre-se de dar um título ao seu texto.

UNIDADE 6

A PECUÁRIA E O EXTRATIVISMO

1

2

Extração de minério de ferro no município de São Gonçalo do Rio Abaixo, estado de Minas Gerais.

Lendo as imagens

1 O que as fotos mostram?

2 O que mais chama a sua atenção nas imagens? Explique.

O que você sabe?

3 Você conhece alguém que pratica alguma das atividades mostradas?

4 Você já viu alguma dessas atividades? Onde?

5 Essas atividades existem no município onde você vive?

Criação de bois no município de Marabá, estado do Pará.

TEMA 1

A atividade pecuária

O que é pecuária?

Pecuária é a atividade de criação e reprodução de animais.

Da pecuária obtêm-se carne, leite, couro, ovo, mel etc. Assim como na agricultura, os produtos da pecuária também podem ser transformados em produtos industrializados. Alguns animais são utilizados como meio de transporte.

Diferentes animais são criados na pecuária

Na pecuária, os principais tipos de gado são: bovino, suíno, caprino, ovino, bufalino, asinino e equino.

- Gado **bovino**: bois e vacas.
- Gado **suíno**: porcos.
- Gado **caprino**: bodes e cabras.
- Gado **ovino**: carneiros e ovelhas.
- Gado **bufalino**: búfalos.
- Gado **asinino**: asnos ou jegues e mulas.
- Gado **equino**: cavalos e éguas.

Há também na pecuária a criação de aves, conhecida como **avicultura**, e a criação de abelhas, a **apicultura**.

ATIVIDADES

Recordar

1 Circule os alimentos que são obtidos na pecuária.

Compreender

2 Observe o mapa e responda.

Brasil: principais rebanhos

Fonte: IBGE. *Produção da pecuária municipal 2011*. Rio de Janeiro: IBGE, 2011.

- Em quais estados há criação de búfalos? E de bodes e cabras?

Búfalos → Amazonas, Pará, Amapá, São Paulo, minas gerais, Rio Grande Sul, maranhão

Bodes e cabras → Paraíba, Bahia, Ceará, maranhão, Pernambuco, Rio Grande do norte, Piauí, Paraná

TEMA 2 Os tipos de pecuária

Diferentes formas de criar o gado

Na pecuária, a criação dos animais pode ocorrer de diferentes maneiras.

A criação do gado pode ser intensiva ou extensiva. Vamos conhecer as principais diferenças entre elas.

Pecuária intensiva

Na pecuária intensiva o gado é criado confinado e se alimenta de ração ou de pastagem cultivada.

Nesse tipo de pecuária são utilizadas técnicas modernas de criação. Leite e carne são os principais produtos obtidos na pecuária intensiva e abastecem as indústrias e o mercado consumidor.

Criação intensiva de gado no município de Neves Paulista, estado de São Paulo, em 2012.

Glossário

Confinado: que está em lugar fechado; preso.

Pecuária extensiva

Na pecuária extensiva o gado é criado solto, em grandes áreas, e se alimenta de pastagem natural.

Em geral, na pecuária extensiva não são utilizadas técnicas modernas.

Carne e couro são os principais produtos desse tipo de pecuária. A carne abastece o mercado consumidor e o couro segue para as indústrias.

Criação extensiva de gado no município de Jardim Alegre, estado do Paraná, em 2011.

ATIVIDADES

Recordar

1 Pinte os quadradinhos de acordo com a legenda.

Pecuária intensiva — Pecuária extensiva

a) O gado é criado solto, em grandes áreas. ☐

b) O gado é criado confinado. ☐

c) O gado se alimenta de pastagem natural. ☐

d) O gado se alimenta de ração ou pastagem cultivada. ☐

e) Carne e leite são os principais produtos desse tipo de pecuária. ☐

f) Carne e couro são os principais produtos desse tipo de pecuária. ☐

Compreender

2 Faça um desenho que represente a pecuária intensiva e outro desenho que represente a pecuária extensiva.

Pecuária intensiva

Pecuária extensiva

TEMA 3 O extrativismo

O que é extrativismo

Extrativismo é a atividade de extração ou coleta de recursos naturais para fins comerciais ou industriais.

A pesca e a caça de animais, a exploração de espécies vegetais e de minérios são exemplos de atividades extrativistas.

Ao contrário do que ocorre na agricultura e na pecuária, no extrativismo o ser humano não participa do processo de reprodução dos recursos extraídos.

Tipos de extrativismo

O extrativismo pode ser animal, vegetal ou mineral.

- **Extrativismo animal:** a caça e a pesca são exemplos desse tipo de atividade extrativista.
- **Extrativismo vegetal:** retira da natureza recursos vegetais, como a madeira, muito utilizada na fabricação de móveis.
- **Extrativismo mineral:** extrai da natureza vários recursos minerais, como o minério de ferro, utilizado na fabricação de chapas de aço.

Extração de carvão mineral no município de Forquilhinha, estado de Santa Catarina. Foto de 2011.

Extrativismo da madeira no município de Xapuri, estado do Acre. Foto de 2012.

ATIVIDADES

Recordar

1 Marque a afirmativa verdadeira.

a) Por meio do extrativismo vegetal obtém-se matéria-prima para a produção de móveis. [X]

b) A panela de ferro é feita com recursos naturais obtidos do extrativismo animal. [ ]

c) A caça é um tipo de extrativismo mineral. [ ]

- Reescreva corretamente as afirmativas falsas.

A panela de ferro é feito com recursos naturais obtido do extrativismo mineral.
a caça é um tipo de extrativismo animal

Compreender

2 Ligue a matéria-prima ao produto industrializado.

Matéria-prima | Produto industrializado

1

2

a) Que tipo de extrativismo ocorre em cada caso?

Extrativismo vegetal. Extrativismo

b) Que outros produtos podem ser fabricados com essas matérias-primas?

mesa, brinco, cordão, armario, banco, pulseira, relógio, porta, lápis, papel

TEMA 4

Atividades do campo alteram o ambiente

As atividades rurais podem causar problemas ambientais

A agricultura, a pecuária e o extrativismo são responsáveis por vários problemas ambientais, como a extinção de espécies vegetais e animais e a poluição de rios e lagos.

A onça-pintada está ameaçada de extinção devido à destruição de seu hábitat. Foto de 2012.

A extinção de espécies vegetais e animais

Grandes áreas de matas ou florestas são eliminadas para dar lugar a pastos, plantações e atividades do extrativismo mineral. Isso pode provocar o desaparecimento de espécies vegetais.

O desmatamento também destrói o hábitat de animais, o que pode levá-los à extinção.

Glossário

Hábitat: ambiente que apresenta as condições necessárias para o desenvolvimento de determinado ser vivo.

A poluição de rios e a degradação ambiental

A poluição de rios e lagos é causada, no campo, por produtos químicos usados nas plantações. Esses produtos são levados pelas chuvas até os rios, poluindo as águas e contaminando os peixes.

Outra forma de poluição dos rios ocorre quando substâncias nocivas utilizadas no extrativismo mineral são lançadas em suas águas.

O extrativismo mineral também degrada o ambiente ao destruir o terreno e retirar a cobertura vegetal.

Extração de ouro no município de Juruena, estado de Mato Grosso. A extração de alguns minerais degrada o ambiente ao destruir as margens dos rios.

ATIVIDADES

Recordar

1 Complete o quadro com um exemplo de problema ambiental provocado pelas atividades do campo.

Atividade	Problema ambiental
Agricultura	Desmatamentos, extinção de animais e vegetais
Pecuária	Desmatamento, extinção de espécies animais e vegetais
Extrativismo mineral	Poluição de rios e lagos, danos ao solo
Extrativismo vegetal	Desmatamentos, extinção de espécies animais e vegetais

Compreender

2 Leia o texto e responda.

Problemas no campo não são apenas ambientais

Além de problemas ambientais, o campo brasileiro enfrenta também um antigo problema social: a profunda desigualdade na distribuição de terras. Em outras palavras, há no Brasil uma forte concentração de terras nas mãos de poucas pessoas. Isso gerou um grande número de trabalhadores rurais sem-terra e conflitos pela posse da terra.

Para solucionar esses problemas é necessário realizar uma **reforma agrária**, ou seja, é preciso redistribuir as terras de forma mais justa. Além disso, é necessário garantir apoio financeiro aos pequenos proprietários, para que eles consigam manter as terras e nelas produzir.

a) O que significa dizer que, no Brasil, há uma grande concentração de terras? Muitas terras que pertencem a pessoas

b) O que é reforma agrária? redistribuir a terra de forma mais justa

c) Por que realizar apenas a reforma agrária não é suficiente para solucionar os problemas sociais do campo? Pois é necessário garantir apoio financeiro aos pequenos proprietários,

O que você aprendeu

Recorde as ideias principais

- A pecuária é a atividade de criação e reprodução de animais.
- Existem dois tipos de pecuária: extensiva e intensiva.
- A pecuária produz alimentos e matérias-primas, como leite, carne e couro.
- Os tipos de extrativismo são: vegetal, mineral e animal.
- As atividades do campo podem causar problemas ambientais.

OBJETO DIGITAL *Atividade*

Aplique o que aprendeu

1 Escreva afirmações que correspondam às soluções da cruzadinha.

1- Pecuário é a atividade de criação e reprodução de animais. 2- intensiva Na pecuária itensiva o gado é criado confinado. 3- Couro, o couro é um dos principais produtos da pecuária extensiva. 4- vegetal retira da natureza recursos vegetais, como a madeira. 5. mineral extrai da natureza vários recursos minerais, como o ferro

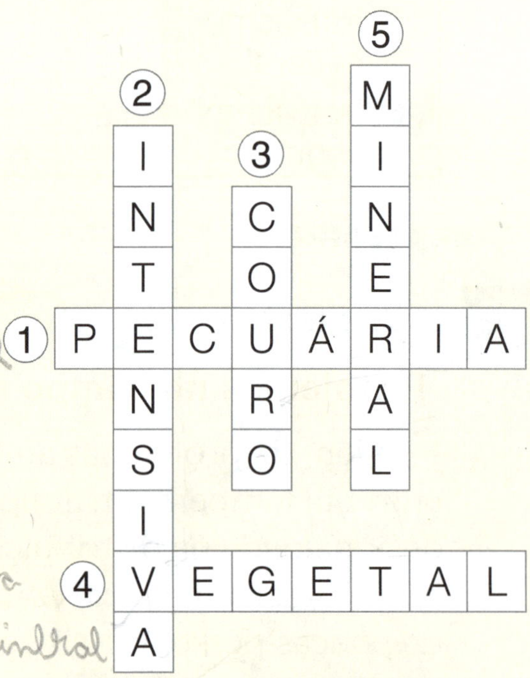

2 Leia e responda.

Rita foi visitar a criação de bois de seu tio. Ela observou que os animais ficavam soltos num grande campo e comiam a grama do chão.

a) Que tipo de pecuária o tio de Rita pratica? Como você descobriu?

Extensiva pela imagem

b) Que produtos o tio de Rita pode obter desse tipo de criação?

leite, carne, couro

3 Ligue cada produto ao tipo de gado que fornece a matéria-prima para a sua fabricação.

- Que outros produtos podem ser obtidos com matéria-prima proveniente da criação de gado bovino e de gado ovino?

Casacos, jaquetas, couro, meias, bolsa, sofa, carne, leite

4 Desenhe uma sequência mostrando um tipo de gado, as matérias-primas que ele fornece para a indústria e os produtos que podem ser fabricados com essas matérias-primas.

1

vaca

2

carne

3

coro

5 Diferencie agricultura de extrativismo vegetal.

Agricultura → O ser humano cultiva os alimentos

Extrativismo vegetal → retirar a madeira para

fabricar

6 Observem a foto e respondam.

Extração de calcário no município de Caçapava do Sul, estado do Rio Grande do Sul, em 2011.

a) Que tipo de extrativismo a foto mostra?

Extrativismo mineral

b) Esse tipo de extrativismo é praticado no município onde vocês vivem?

Não

c) Que tipo de problemas ambientais esse tipo de extrativismo pode causar?

Contaminação de rios e mares, danos ao solo,

Extinção de animais e vegetais

7 Observe a sequência de desenhos e responda.

a) O desenho 1 mostra uma floresta. O que aconteceu com essa floresta?

Houve um desmatamento para preparar a Terra para o plantio

b) Quais são as consequências dessa mudança para as plantas e para os animais que vivem nessa área?

Os animais tiverão que sair da floresta e as plantas tiverão que [illegible]

O texto que você vai ler mostra uma das **causas** da contaminação dos rios e a **consequência** disso para os seres vivos.

Fertilizantes e agrotóxicos contaminam rios

Para aumentar a produtividade e proteger as lavouras, muitos agricultores utilizam fertilizantes e agrotóxicos.

O uso excessivo de fertilizantes e de agrotóxicos causa a contaminação dos rios. Isso acontece porque as substâncias nocivas contidas nesses produtos são carregadas pela água da chuva até os rios, contaminando-os.

A água contaminada dos rios pode matar peixes e plantas que neles vivem. Se as pessoas tiverem contato com essa água contaminada, podem ficar doentes.

Glossário

Fertilizantes: substâncias que tornam o solo mais produtivo.

Agrotóxicos: produtos utilizados para controlar a ação de insetos, microrganismos etc., os quais podem prejudicar as plantações.

Analise

1 De acordo com o texto, o que pode contaminar os rios?

O uso de fertilizantes e agratoxico e excessa.

2 Qual é a consequência dessa contaminação para os seres vivos?

a morte de peixes e de plantas e as pessoas ficarem doentes

3 Observe as cenas da página anterior. No caderno, escreva uma legenda para cada cena.

Organize

4 Complete o esquema sobre a contaminação dos rios.

Causa	Consequência
Uso excessivo de fertilizantes e agrotóxicos nas lavouras. →	morte de peixes e plantas

Escreva

5 Observe as imagens sobre o uso de agrotóxicos.

(1)

Aplicação de agrotóxico na lavoura para prevenir doenças na plantação.

(2)

Ingestão de alimento contaminado com agrotóxico.

(3)

Pessoa doente depois de ingerir alimento contaminado por agrotóxico.

- Escreva um pequeno texto sobre a causa da contaminação de alimentos e a consequência da ingestão desses alimentos para as pessoas. Lembre-se de dar um título ao seu texto.

UNIDADE 7

O TRABALHO NA INDÚSTRIA

Lendo a imagem

1 O que a imagem mostra?

2 Que produtos estão sendo fabricados?

3 O que mais chamou sua atenção na imagem?

O que você sabe?

4 O que é necessário para fabricar os produtos mostrados na imagem?

5 Você gosta desses produtos?

TEMA 1

Do artesanato à indústria

O que é atividade industrial?

Atividade industrial é o processo de transformar a matéria-prima em outro produto, por exemplo, transformar a cana-de-açúcar em açúcar.

A maneira de fabricar produtos mudou ao longo do tempo

Inicialmente, não existiam máquinas nem indústrias. Os objetos eram feitos manualmente, com a utilização de instrumentos simples. Cada artesão realizava todas as etapas da produção e, por isso, fabricava-se pequena quantidade de cada produto.

Com a invenção das máquinas, a maneira de produzir mudou. Surgiram as indústrias e a divisão do trabalho tornou-se maior, isto é, cada operário ou grupo de operários passou a realizar uma etapa da produção. Além disso, a utilização de máquinas fez aumentar a quantidade de produtos fabricados.

Artesão no município de Goiana, estado de Pernambuco, 2012. O artesão fabrica os objetos manualmente utilizando instrumentos simples.

Indústria de automóveis no município de São José dos Campos, estado de São Paulo, 2012. Na indústria, os operários utilizam muitas máquinas.

ATIVIDADES

Recordar

1 Escreva na cruzadinha as expressões que substituem corretamente os números nas afirmativas abaixo.

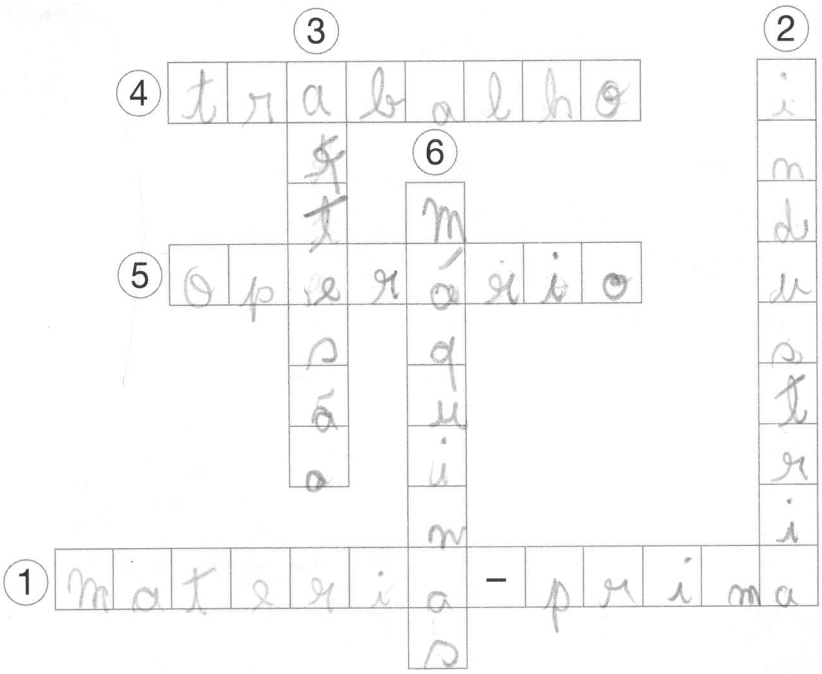

Na indústria, a (1) é transformada em outro produto.

Antes da (2), os produtos eram feitos manualmente pelo (3).

Na indústria, há maior divisão do (4), isto é, cada (5) realiza uma etapa da produção.

Com o uso de (6) é possível produzir uma quantidade maior de produtos.

Compreender

2 Como você acha que os objetos utilizados em sua casa foram produzidos?

Cortina: a costureira pegou o tecido e costurou
sofá: pegarão a madeira a espuma e o
tecido e fizerão o sofá

TEMA 2

Transformando a matéria-prima

A indústria transforma a matéria-prima

OBJETO DIGITAL *Audiovisual*

Geralmente, as matérias-primas são obtidas pelo trabalho das pessoas na agricultura, na pecuária e no extrativismo.

Na indústria, a matéria-prima é transformada em outro produto.

O trigo obtido na agricultura, por exemplo, é transformado em farinha. A farinha de trigo pode ser comprada pelas pessoas para fazer biscoitos ou bolos, por exemplo. Ela também pode ser comprada por uma indústria, que a transformará em biscoitos, macarrão e outros produtos. Veja a sequência de desenhos.

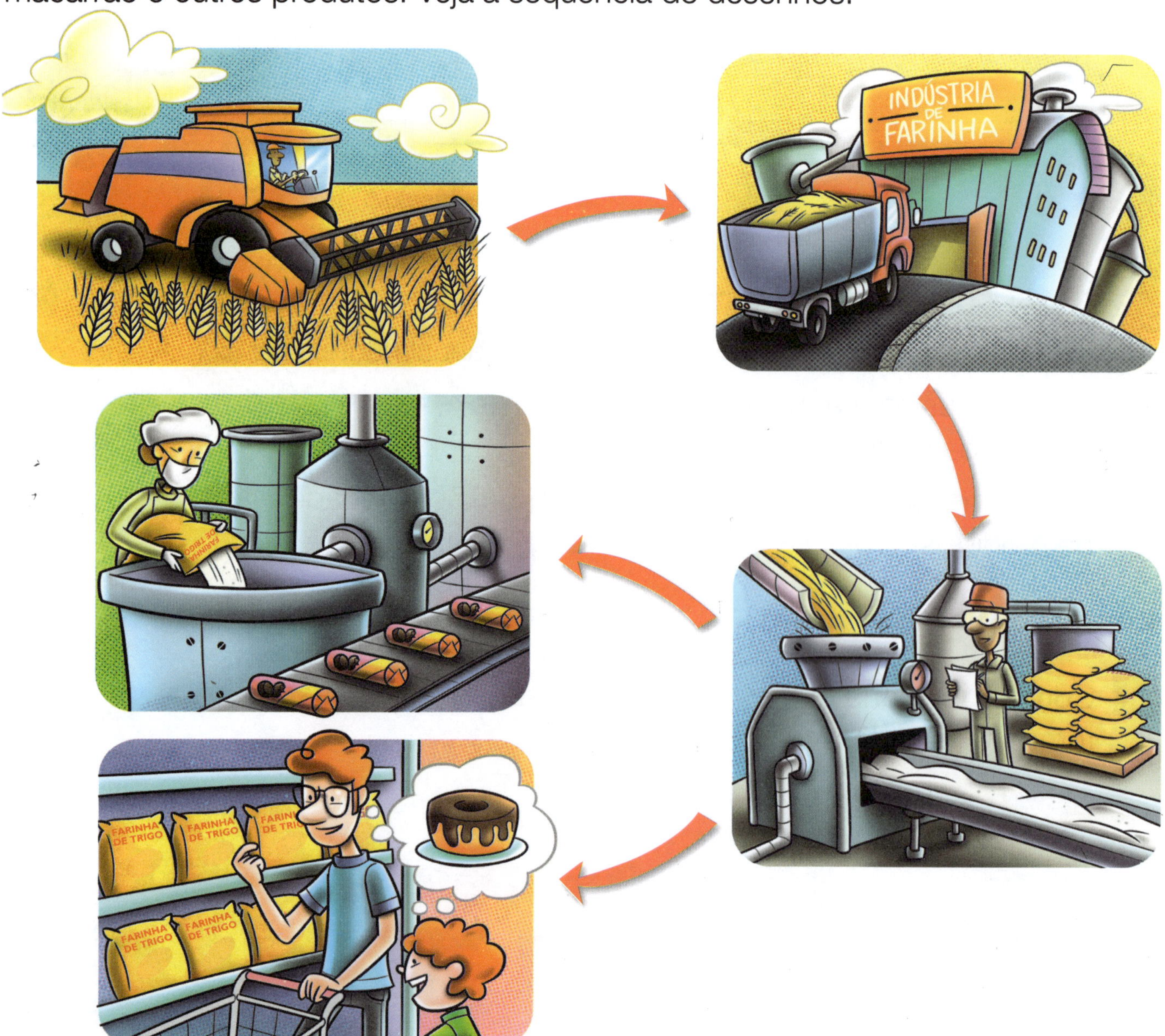

ATIVIDADES

Compreender

1 Observe os desenhos.

1

2

3

a) Que desenho representa a obtenção de matéria-prima? Qual é essa matéria-prima?

O desenho 1, leite

b) Que desenho representa um produto fabricado a partir dessa matéria-prima? Que produto é esse?

O desenho 3, um iogurte

c) Que desenho representa a atividade industrial? Justifique.

O desenho 2, neste desenho o leite o leite é trasformado em iogurte

d) Que outras matérias-primas podem ser adicionadas a esse produto?

mel, cereais, frutas, açúcar

2 Relacione as colunas conforme o exemplo.

Matéria-prima obtida da agricultura.	 carne	Matéria-prima utilizada na fabricação de roupas.
Matéria-prima obtida da pecuária.	 madeira	Matéria-prima utilizada na fabricação de hambúrguer.
Matéria-prima obtida do extrativismo vegetal.	 algodão	Matéria-prima utilizada na fabricação de papel.

TEMA 3 Relações entre campo e cidade

Do campo para a cidade

A cidade e o campo se relacionam constantemente.

Do campo sai grande parte dos alimentos consumidos pelos habitantes das cidades: frutas, hortaliças, leite e carne, entre outros.

O campo também fornece muitas matérias-primas para as fábricas.

Da cidade para o campo

Da cidade saem muitos produtos utilizados pelos habitantes do campo: roupas, calçados, ferramentas, máquinas e livros, por exemplo.

Os habitantes do campo também utilizam muitos serviços encontrados nas cidades: serviços bancários, de saúde e de correio, por exemplo.

Campo e cidade se relacionam trocando produtos e serviços. Pode-se perceber essa relação observando que muitos produtos da cidade estão presentes no campo e vice-versa.

ATIVIDADES

Recordar

1 Que produtos o campo fornece à cidade?

Frutas, legumes, verduras, carne, leite e matérias-prima para as fábricas.

2 Que produtos a cidade fornece ao campo?

Roupas, calçados, ferramentas, livros, além de de serviços bancários saúde, correios e outros

Compreender

3 Leia o texto e responda.

A família Ribeiro vive em um sítio, onde planta cana-de-açúcar.

Toda a produção de cana-de-açúcar do sítio dessa família é vendida para uma fábrica da cidade.

Na fábrica, a cana-de-açúcar é transformada em açúcar.

O açúcar consumido na casa da família Ribeiro é fabricado, na cidade, com a cana-de-açúcar plantada no próprio sítio da família Ribeiro.

a) Qual é a matéria-prima utilizada para fabricar o açúcar?

Cana-de-açúcar

b) Essa matéria-prima é produzida no campo ou na cidade?

no campo

c) E o açúcar, onde ele é fabricado? na cidade

d) Copie do texto dois trechos que mostram a relação entre campo e cidade. O açúcar utilizado na casa da família Ribeiro vem da cidade.

O que você aprendeu

OBJETO DIGITAL *Atividade*

Recorde as ideias principais

- Antes da invenção das máquinas, uma única pessoa realizava todas as etapas da produção. Hoje, cada operário realiza uma etapa da produção.
- A indústria transforma matérias-primas em produtos industrializados.
- Cidade e campo relacionam-se por meio da troca de produtos e de serviços.

Aplique o que aprendeu

1 Escreva no caderno um pequeno texto utilizando as expressões do quadro.

produtos	indústria	matérias-primas	agricultura
pecuária	extrativismo	artesanato	transformação

2 Veja os ingredientes de um bolo de cenoura que Marina fez.

✓ Óleo de soja
✓ Cenouras
✓ Ovos
✓ Açúcar
✓ Farinha de trigo

a) Quais desses produtos são industrializados?

Açucar, Farinha de trigo, Óleo de soja.

b) Qual é a matéria-prima desses produtos industrializados?

Cana de açucar, trigo, soja.

3 Compare as duas sequências de desenhos. Elas mostram dois modos de fabricar geleia de morango.

Fabricação industrial

Fabricação artesanal

a) Em que modo de fabricação:

- são utilizadas muitas máquinas?

  Industrial

- não há divisão do trabalho?

  Artesanal

- o produto é fabricado em grandes quantidades?

  Industrial

b) Qual é a matéria-prima desse produto? Que atividade é responsável por fornecê-la para a indústria?

morango, agricultura

c) Escreva um texto comparando o modo de fabricação industrial com o modo de fabricação artesanal.

4 Observe esta sequência de desenhos.

1

2

3

- Escreva uma legenda para cada desenho, explicando como a paçoca é produzida.

1 O amendoim é colido do amendoinzeiro

2 E depois ele vai para a industria

3 Eles fabricão muitas coisas como a paçoca e etc.

5 Escreva o nome de um produto industrializado que você gosta.

Alburque

a) Qual é a matéria-prima utilizada na fabricação desse produto?

Carne

b) Essa matéria-prima é obtida pela agricultura, pela pecuária ou pelo extrativismo?

pecuária

6 Que produtos do campo você consome? E da cidade? Complete o quadro.

Produtos do campo	Produtos da cidade
Alface, cenoura, abobora,	[illegible], refrigerante
repolho, maçã, abacati,	sorvete, paçoca, geleia,
mel.	suco,

7 Com base nas fotos a seguir, explique a relação campo-cidade.

Plantação de alface no município de Santa Maria, estado do Rio Grande do Sul, 2011.

Barraca de verduras em feira-livre no município de Campo Belo, estado de Minas Gerais, 2011.

Meio ambiente

Reutilizar o plástico: bom para a natureza

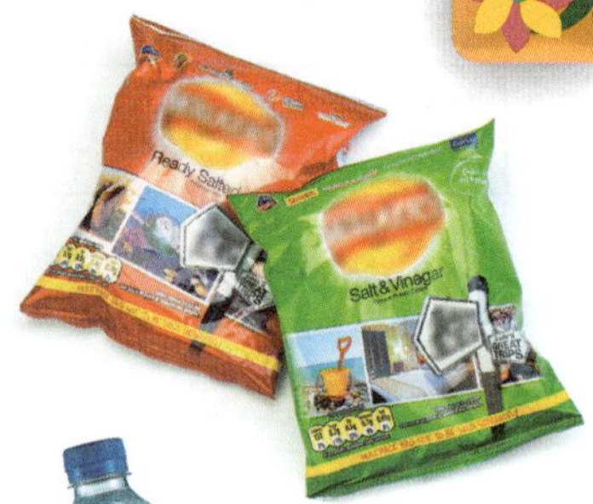

O plástico é uma matéria-prima muito utilizada pelas indústrias. Com ele são fabricados vários produtos, por exemplo embalagens de doces e de salgadinhos, garrafas, baldes, sacolas, brinquedos, cadeiras e mesas, *CDs*, bandejas e copos, entre muitos outros.

Todos os dias, jogamos no lixo muitas dessas embalagens e objetos.

Você sabia que o plástico leva mais de 200 anos para se decompor? É muito tempo, não é?

Agora, pense na quantidade de lixo que se acumula na natureza.

Já pensou? É muito lixo, não é mesmo?

Reutilizar o plástico é uma maneira de contribuir para diminuir a grande quantidade de lixo que produzimos.

Observe a quantidade de plástico e de lixo acumulada na margem do Rio Tietê, na cidade de São Paulo, estado de São Paulo. Foto de 2011.

Compreenda a leitura

1 Escreva o nome de três produtos fabricados com plástico citados no texto.

2 De acordo com o texto, por que é importante reutilizar as embalagens plásticas?

3 Que produtos fabricados com plástico você utiliza em sua casa ou na escola?

4 O que é feito com embalagens e outros produtos de plástico que você e sua família não utilizam mais?

Vamos fazer

Com um pouco de criatividade, podemos reutilizar as embalagens plásticas transformando-as em porta-lápis, vasos, porta-trecos e brinquedos, por exemplo.

Que tal dar sua contribuição para a natureza? Junte-se a alguns colegas e mãos à obra!

Etapas

1. Tragam embalagens plásticas vazias e limpas.
2. Imaginem os objetos que podem ser criados com essas embalagens.
3. Façam os objetos, decorando-os como quiser. Usem tesoura, cola, fita adesiva, tinta e outros materiais.

ATENÇÃO!
Peçam para o professor cortar o plástico.

4. Depois, organizem uma exposição com os objetos produzidos.

UNIDADE

8 TRANSPORTES

Lendo a imagem

1 Identifique os meios de transporte mostrados na imagem.

2 Você já utilizou algum desses meios de transporte? Qual?

O que você sabe?

3 Os meios de transporte mostrados na imagem utilizam diferentes vias de circulação. Quais são essas vias?

4 Que outros meios de transporte você conhece?

TEMA 1

Transportes para ir e vir

As pessoas se deslocam

As pessoas se deslocam todos os dias para trabalhar, estudar, viajar, fazer compras, resolver problemas, divertir-se, entre outras atividades.

Quando a distância é curta, as pessoas geralmente se deslocam a pé. Nos trajetos mais longos, elas podem utilizar vários meios de transporte.

Meios de transporte terrestres. (Avenida no município do Rio de Janeiro, estado do Rio de Janeiro, em 2012.)

Os meios de transporte

Os meios de transporte levam pessoas e mercadorias de um lugar a outro. Eles podem ser terrestres, aquáticos ou aéreos.

- **Meios de transporte terrestres:** ônibus, motos, automóveis, caminhões, trens, metrôs. Eles circulam por ruas, estradas e ferrovias.
- **Meios de transporte aquáticos:** navios, canoas, barcos. Eles circulam por rios, lagos, mares e oceanos.
- **Meios de transporte aéreos:** aviões, helicópteros. Eles circulam pelo ar.

Meio de transporte aquático. (Rio Negro, estado do Amazonas, em 2011.)

Os transportes evoluíram

Antigamente, as pessoas percorriam longas distâncias a pé, a cavalo, de carroça. As viagens eram mais demoradas.

Hoje, os meios de transporte mais utilizados são movidos a motor. Com isso, eles ficaram mais velozes e as pessoas chegam mais rápido aos lugares.

Meio de transporte aéreo. (Aeroporto no estado do Paraná, em 2012.)

ATIVIDADES

OBJETO DIGITAL *Atividade*

Recordar

1 Circule cada meio de transporte de acordo com a legenda.

terrestre aquático aéreo

Compreender

2 Observe o esquema a seguir.

a) Que meios de transporte levaram a carga de um lugar a outro?

Navio, trem e caminhão

b) Que vias foram utilizadas no transporte da carga?

Via aquatica e via Terrestre

O transporte no Brasil

As rodovias são predominantes no país

O transporte rodoviário é o mais utilizado no Brasil, tanto para o transporte de passageiros como para o de cargas.

O transporte ferroviário de cargas e de passageiros é pouco utilizado no país.

O transporte aquático ou hidroviário também é pouco utilizado no Brasil, embora o país tenha muitos rios navegáveis.

No mapa a seguir, você poderá perceber que a quantidade de rodovias é maior que a quantidade de ferrovias e de hidrovias.

Brasil: rodovias, ferrovias, hidrovias

Fonte: Ministério dos Transportes. Disponível em: <www.transportes.gov.br/public/arquivo/arq1348575841.pdf>. Acesso em: 4 dez. 2012.

ATIVIDADES

Compreender

1 Observe novamente o mapa da página anterior e responda.

a) Em que parte do Brasil há menos rodovias?

Na parte norte

b) Em que parte há mais ferrovias? E hidrovias?

Ferrovias – na parte sul do Brasil.
Hidrovias – na parte norte do Brasil

2 Observe os desenhos.

1 

2 

a) Que meios de transporte são mostrados nos desenhos?

1- Caminhão / - 2 Trem

b) Qual deles permite transportar maior quantidade de carga?

O Trem

3 Observe o pictográfico ao lado.

Ele mostra a proporção de carga que circula por transporte rodoviário, ferroviário e hidroviário.

- No Brasil, qual é o tipo de transporte mais utilizado para levar cargas? Você sabe por quê?

O Transporte rodoviário (Caminhões) é o mais utilizado para levar cargas

Brasil: transporte de carga (2011)

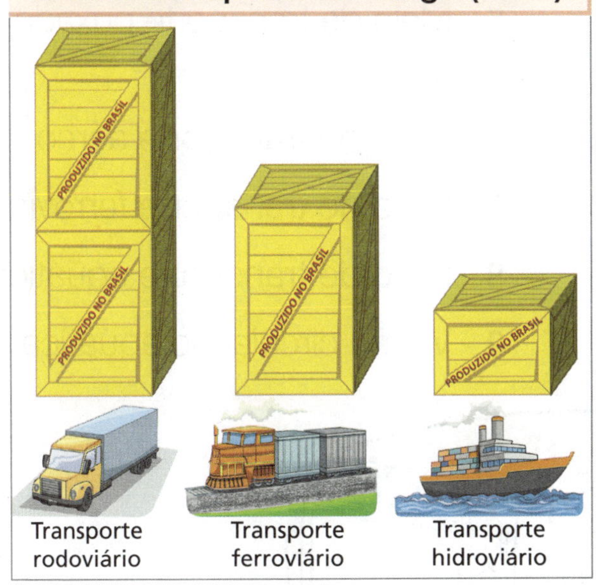

Fonte: Plano Nacional de Logística e Transportes 2011. Disponível em: <www.transportes.gov.br/public/arquivo/arq1352743917.pdf>. Acesso em: 4 dez. 2012.

O que você aprendeu

Recorde as ideias principais

- Os meios de transporte levam pessoas e mercadorias de um lugar a outro.
- Os meios de transporte podem ser terrestres, aquáticos ou aéreos.
- Atualmente, os meios de transporte são mais velozes.
- O transporte rodoviário é o mais utilizado no Brasil.

Aplique o que aprendeu

1 Complete a cruzadinha.

(1) Meios de transporte que circulam por ruas, avenidas, estradas e ferrovias.

(2) Meios de transporte que circulam pelo ar.

(3) Meios de transporte que circulam por rios, mares, lagos e oceanos.

(4) Meio de transporte mais utilizado no Brasil para transportar cargas.

(5) Meio de transporte puxado por animais.

(6) Meio de transporte aéreo.

(7) Meio de transporte ferroviário.

(8) Meio de transporte aquático.

(9) Via de circulação aquática.

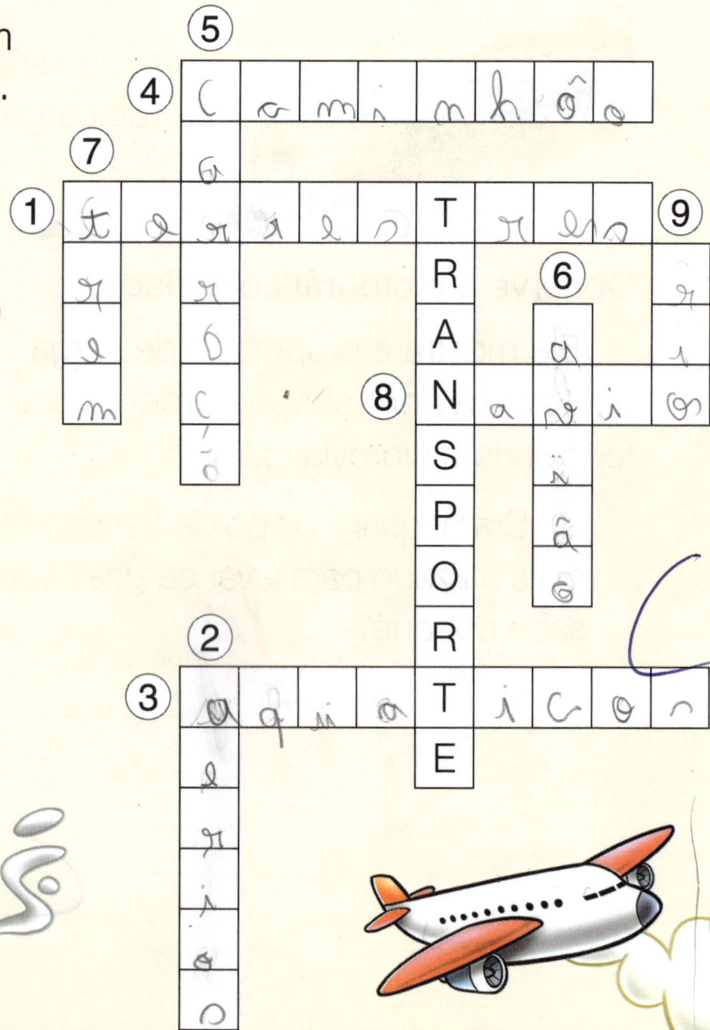

2 Leia o texto.

Evolução sobre trilhos

Antigamente, os trens eram apenas vagões puxados por animais. Com o passar do tempo, foi inventada a locomotiva movida a vapor, obtido com a queima de carvão. A locomotiva era lenta e soltava muita fumaça. Por isso, era chamada de *maria-fumaça*.

Hoje, as locomotivas são movidas principalmente a energia elétrica e os trens tornaram-se mais velozes.

Maria-fumaça em Tiradentes, estado de Minas Gerais, 2012.

Trem de alta velocidade na China, 2012.

a) Como eram os trens antes da invenção da locomotiva?

Eles eram puxados po animais

b) E atualmente, como são os trens?

movidos a energia eletrica

3 Observe a foto.

Minério de ferro sendo transportado por ferrovia no município de Governador Valadares, estado de Minas Gerais, 2011.

a) A foto mostra um trem de:

- [ ] passageiros.
- [x] carga.

b) O que esse trem está transportando? Como você sabe?

Minerio de ferro. a informação esta na legenda

4 **Que meios de transporte você escolheria em cada situação? Por quê?**

a) Visitar parentes que moram em um país distante.

Avião, pois o avião e mais rapido

b) Ir à casa de um amigo que mora no mesmo bairro que você.

Andando, de bicicleta, pois e perto

5 Observe esta foto.

Ônibus adaptado para passageiros com deficiência física no município do Rio de Janeiro, estado do Rio de Janeiro, em 2010.

a) O que a foto mostra?

Uma cadeirante desembarcando de um ônibus.

b) O meio de transporte que aparece na foto é:

☐ aéreo. ☐ aquático. ☒ terrestre.

c) Você acha que as pessoas com deficiência física têm acesso fácil e seguro a todos os transportes coletivos, como ônibus e metrôs? Converse com os colegas e o professor sobre isso. não

A poluição do ar causada por veículos terrestres

Meio ambiente

Você já deve ter reparado na fumaça que sai do escapamento de carros, ônibus e caminhões em funcionamento, não é?

Essa fumaça contém substâncias que poluem o ar e são nocivas à saúde dos seres vivos. A grande quantidade dessas substâncias no ar pode causar dificuldade para respirar, tosse e irritação nos olhos, por exemplo.

Para reduzir a poluição causada pelos meios de transporte terrestres, a maior parte dos veículos já é fabricada com filtros que diminuem a quantidade de substâncias nocivas lançadas no ar.

A utilização de combustíveis menos poluentes, isto é, que produzem menos substâncias nocivas, também contribui para melhorar a qualidade do ar. São exemplos de combustíveis menos poluentes o etanol (álcool combustível) e o gás natural veicular.

Caminhões e ônibus utilizam óleo *diesel*, um combustível muito poluente. Observe, na foto, a grande quantidade de fumaça lançada no ar pelo escapamento do caminhão em uma rua da cidade de São Paulo, no estado de São Paulo. Foto de 2011.

Compreenda a leitura

1 De que maneira os veículos poluem o ar?

Lançando gases poluentes atraves a fumaça que sai do escapamento

2 O que a poluição do ar pode causar às pessoas?

Tosse, irritação olhos, problemas respiratorios

3 De acordo com o texto, o que pode ser feito para reduzir a poluição causada pelos veículos?

Usar combustiveis menos poluentes como alcool e gás natural e também colocar filtros

4 Em sua opinião, o ar do lugar onde você vive é poluído? Explique.

Vamos fazer

As grandes cidades são as mais afetadas pela poluição causada pelos veículos. Nelas, a quantidade de veículos é maior e ocorrem muitos congestionamentos.

Que tal dar dicas de atitudes que ajudam a preservar a qualidade do ar nessas cidades? Junte-se a um colega, sigam as etapas e bom trabalho!

Etapas

1. Elaborem um cartaz com dicas de como as pessoas podem contribuir para preservar a qualidade do ar.
2. Ilustrem cada dica com desenhos.
3. Apresentem os cartazes aos demais colegas e ao professor e, depois, espalhem os cartazes pela escola.

UNIDADE

9 COMUNICAÇÕES

Lendo a imagem

1 Que meios de comunicação aparecem na imagem?

2 Quais deles você costuma utilizar?

O que você sabe?

3 Na imagem, que meios de comunicação levam informações para muitas pessoas ao mesmo tempo?

TEMA 1 A comunicação

Comunicar-se: como e para quê

Quando queremos mostrar o que pensamos ou sentimos utilizamos alguma forma de comunicação, como a fala, a escrita ou os gestos.

Podemos também utilizar os símbolos, as cores e a arte (teatro, música, pintura, escultura etc.) como forma de comunicar alguma ideia ou mensagem.

Os sinais de trânsito orientam motoristas e pedestres.

Avenida na cidade do Rio de Janeiro. Por meio de gestos, o agente de trânsito orienta motoristas e pedestres. Foto de 2011.

A comunicação por símbolos é comum em lugares públicos.

Meios individuais e meios coletivos de comunicação

Podemos nos comunicar e obter informações utilizando diversos meios de comunicação.

Para falar com as pessoas podemos usar os **meios de comunicação individuais**, como a carta, o telefone e o correio eletrônico (*e-mail*).

Para nos informar e saber o que acontece no Brasil e no mundo, podemos usar os **meios de comunicação coletivos**, como o rádio, a televisão, o jornal, a revista e a internet.

ATIVIDADES

OBJETO DIGITAL
Atividade

Recordar

1 Observe o diagrama.

G	A	T	E	L	E	G	R	A	M	A	L	S	T	W
O	R	I	L	P	F	E	J	O	R	N	A	L	E	I
K	E	K	L	D	H	K	P	A	R	L	S	J	L	O
S	V	D	C	A	R	T	A	N	Á	M	G	S	E	Ç
W	I	A	F	O	J	W	K	I	D	P	O	Ã	F	M
F	S	X	R	K	Á	I	E	H	I	P	K	D	O	S
R	T	E	L	E	V	I	S	Ã	O	R	S	R	N	L
L	A	F	K	Q	Y	W	T	Ó	L	D	W	I	E	U

a) Procure três meios de comunicação individuais e circule-os de verde.

b) Procure quatro meios de comunicação coletivos e circule-os de vermelho.

c) Dos meios de comunicação que você encontrou, quais você utiliza?

Rádio, televisão, telegrama, carta, revista, telefone

2 Que meios de comunicação você utiliza para se comunicar com parentes que estão distantes?

telefone, telegrama, radio

- E para saber o que acontece no Brasil e no mundo?

televisão, radio, jornal

3 Procure, em jornais e revistas, duas cenas que mostrem formas de comunicação diferentes e cole-as nos espaços abaixo. Identifique cada forma e os meios de comunicação que aparecem em cada cena.

TV.

notícias e atualidades

telefone.

comunicação com outras pessoas

4 Leia o texto.

Internet: informações instantâneas

Por meio da internet é possível pesquisar, informar-se, fazer compras, divertir-se, visitar museus virtuais, assistir a vídeos, ouvir músicas e muito mais.

A internet permite usar também o correio eletrônico (*e-mail*) para enviar mensagens para pessoas de qualquer lugar do mundo em instantes.

No Brasil, no ano de 2011, de cada 100 pessoas 38 tinham acesso a internet. Ou seja, de uma população de 195 milhões de pessoas, cerca de 74 milhões tinham acesso a internet.

Página do *site* do IBGE, em 12 de dezembro de 2012.

a) O que se pode fazer por meio da internet?

b) Você tem acesso à internet em sua escola?

c) Você tem computador em casa? Ele está conectado à internet? Que tipo de *sites* você costuma acessar?

d) Por que poucas pessoas têm acesso à internet no Brasil? Em grupo, converse com os colegas sobre o assunto.

A comunicação entre as pessoas

Como nos comunicamos com as pessoas

Carta, bilhete, telefone e correio eletrônico (*e-mail*) são exemplos de meios que usamos para nos comunicar com as pessoas.

A carta é um meio de comunicação muito antigo. Tempos atrás as cartas demoravam bastante até chegar ao destinatário. Hoje, elas são entregues rapidamente pelos serviços de correio.

Com um bilhete, podemos transmitir mensagens breves, como avisos ou lembretes.

O telefone fixo e o telefone móvel (celular) foram grandes invenções nas comunicações. Eles permitem enviar e receber mensagens sonoras ao mesmo tempo, atingindo longas distâncias.

Atualmente, também existe o telefone para deficientes auditivos. Nesse aparelho há teclas para o envio da mensagem e um visor que permite ler a resposta.

O correio eletrônico (*e-mail*) pode ser utilizado para enviar e receber mensagens e diversas informações, como textos e fotos, instantaneamente.

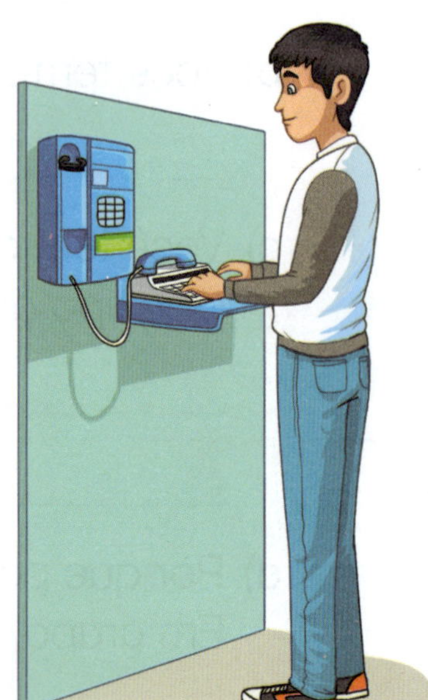

ATIVIDADES

Pesquisar

Você viu que os meios de comunicação nos permitem contatar parentes e amigos que estão distantes de nós.

Que tal, agora, descobrir quais meios de comunicação sua família mais utiliza?

1 **Pergunte aos seus familiares quais meios de comunicação citados no quadro eles mais utilizam no dia a dia e marque a resposta. Lembre-se de anotar o nome do seu entrevistado.**

Nome	Carta	Bilhete	Telefone fixo	Telefone celular	*E-mail*
Alfredo	X	X	X	X	X
Mônica			X	X	X
Rosla				X	X
Margareth		X	X	X	X
Neuza			X	X	

2 **Responda.**

a) Quantas pessoas você entrevistou? [5]

b) Escreva no quadrinho o número de pessoas que usam:

[1] carta. [2] bilhete. [4] telefone. [5] celular. [4] *e-mail.*

c) Qual foi o meio de comunicação mais citado pelos entrevistados?

[ ] carta [ ] bilhete [ ] telefone [X] celular [ ] *e-mail*

d) Qual desses meios de comunicação você mais utiliza no seu dia a dia? Telefone Celular

O que você aprendeu

Você já leu o **Almanaque** hoje?

Recorde as ideias principais

- A fala, a escrita, os gestos, os símbolos, as cores e a arte são formas de comunicação.
- Os meios de comunicação podem ser individuais ou coletivos.
- Carta, bilhete, telefone e correio eletrônico são exemplos de meios de comunicação individuais.
- Rádio, televisão, jornais, revistas e internet são exemplos de meios de comunicação coletivos.
- Novas tecnologias e equipamentos tornaram mais rápida a comunicação entre lugares distantes.

Aplique o que aprendeu

1 Liste os meios de comunicação mostrados no quadro, separando-os em individuais e coletivos.

Meios de comunicação individuais	Meios de comunicação coletivos
telefone, Carta, telefone fixo	Jornal, televisão, radio,

2 Que informação é transmitida em cada imagem?

1 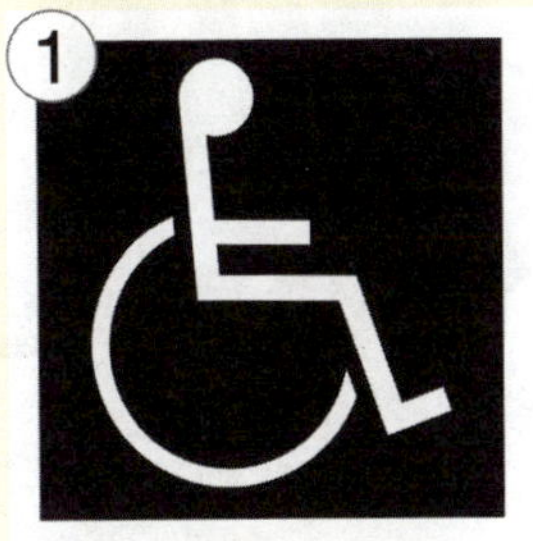

2 

3 

1: Acesso para defisiente fisico

2: proibido toca bozina

3: Ciclovia Circulação exclusiva bicicleta

3 Observe os desenhos.

a) Quais meios de comunicação são mostrados?

Correio eletronico e carta

b) Em qual deles a comunicação é quase instantânea?

O e-mail

4 De que maneira os meios de comunicação facilitam a sua vida? Conte aos colegas e ao professor.

Para ler e escrever melhor

O texto que você vai ler mostra as mudanças no telefone **ao longo do tempo**.

Alô, alô, responde...

Antigamente o telefone era bem diferente.

Nos anos de 1880 ele era grande e fixado na parede. Falava-se por uma peça chamada transmissor e ouvia-se por outra peça, chamada receptor. Nessa época era necessário acionar uma manivela para chamar a telefonista, que completava a ligação.

Em 1892 foi criado o telefone de mesa. Nesse telefone, uniu-se o transmissor e o receptor em uma mesma peça: o monofone.

Em 1928 tornou-se possível completar a ligação sem a ajuda da telefonista: bastava girar o disco de acordo com o número do outro telefone e falar ao ser atendido.

Em 1945 o telefone diminuiu de tamanho, era pesado e de cor escura.

Em 1980 os telefones tornaram-se um pouco mais leves e coloridos.

Atualmente os telefones são muito compactos, leves e têm várias funções.

1880

1892

1928

Atualmente

1980

1945

Analise

1 Do que trata o texto?

Das Mudanças que o telefone passou ao longo o tempo

2 O que as expressões em destaque no texto indicam?

a passagem do tempo

Organize

3 Numere as imagens de acordo com a evolução do telefone.

Escreva

4 Escreva um texto mostrando suas características desde o seu nascimento até hoje. Siga estas orientações.

a) Pergunte a seus familiares ou responsáveis como você era quando nasceu, como era quando tinha um ano, dois anos etc. Se possível, observe fotos suas dessas épocas.

b) Escreva como era sua aparência física, o que você gostava de comer e suas brincadeiras preferidas.

c) Utilize expressões que indiquem a passagem do tempo. Por exemplo: no início, depois de alguns anos, com o passar do tempo, ao longo do tempo, hoje, atualmente etc.

d) Lembre-se de dar um título ao seu texto.

Créditos das fotos

(da esquerda para a direita, de cima para baixo)

p. 8 João Prudente/Pulsar Imagens

p. 10 Gerson Gerloff/Pulsar Imagens

p. 12 João Prudente/Pulsar Imagens; Ernesto Reghran/Pulsar Imagens; João Prudente/Pulsar Imagens

p. 18 Flávio Veloso/Opção Brasil Imagens

p. 20 J. L. Bulcão/Pulsar Imagens

p. 21 Eduardo Maia/DN/D.A Press

p. 22 Fundação Arquivo e Memória de Santos; Léo Burgos

p. 24 © 2010, Google

p. 29 © 2010, Google

p. 31 Elena Butinova/Shutterstock

p. 32 G. Evangelista/Opção Brasil Imagens

p. 36 Delfim Martins/Pulsar Imagens

p. 38 Breno Fortes/CB/D.A Press

p. 40 Marcio Fernandes/Agência Estado; João Prudente/Pulsar Imagens; João Prudente/Pulsar Imagens

p. 45 Mauricio Simonetti/Pulsar Imagens; João Prudente/Pulsar Imagens

p. 48 João Prudente/Pulsar Imagens; Cesar Diniz/Pulsar Imagens; Delfim Martins/Pulsar Imagens; Gerson Gerloff/Pulsar Imagens

p. 50 Zig Koch / Natureza Brasileira; Renato Soares/Pulsar Imagens; Tiago Queiroz/Agência Estado

p. 53 Zé Paiva/Pulsar Imagens; Ricardo Teles/Pulsar Imagens

p. 54 Mario Friedlander/Pulsar Imagens; Zig Koch/Natureza Brasileira

p. 58 Arthur de Souza/D.A Press; Mauricio Simonetti/Pulsar Imagens

p. 59 Palê Zuppani/Pulsar Imagens

p. 66 Constância Nery. Cana suculenta. 2008. Óleo sobre tela. Galeria Jacques Ardies

p. 68 Delfim Martins/Pulsar Imagens

p. 70 Ismar Ingber/Pulsar Imagens; Paulo Fridman/Pulsar Imagens

p. 72 Andrii Gorulko/Shutterstock

p. 77 Hoang Dinh Nam/AFP

p. 80 Gerson Sobreira/Terrastock

p. 82 Evandro Monteiro/Olhar Imagem; Rogério Reis/Pulsar Imagens

p. 86 Thomaz Vita Neto/Pulsar Imagens; Gerson Sobreira/Terrastock

p. 88 Ale Ruaro/Pulsar Imagens; Ricardo Azoury/Pulsar Imagens

p. 90 Mario Friedlander/Pulsar Imagens; Zig Koch/Natureza Brasileira/WWF-Brasil

p. 94 Gerson Gerloff/Pulsar Imagens

p. 100 Marco Antônio Sá/Pulsar Imagens; Claudio Capucho/Agência Estado

p. 109 Gerson Gerloff/Pulsar Imagens; João Prudente/Pulsar Imagens

p. 110 Alamy/Other Images; Mariyana Misaleva/Shutterstock; Jultud/Shutterstock; Nelson Antoine/Fotoarena

p. 114 Ismar Ingber/Pulsar Imagens; Haroldo Palo Jr/Kino; Ernesto Reghran/Pulsar Imagens

p. 119 Renato Soares/Pulsar Imagens; Wang Xiao/Xinhua Press/Corbis/Latinstock

p. 120 Ricardo Azoury / Pulsar Imagens

p. 121 Rogério Reis/Pulsar Imagens

p. 122 Cesar Diniz/Pulsar Imagens

p. 126 Celso Pupo/Fotoarena; Fernando Favoretto/Criar Imagem; Alamy/Other Images; Tony Cordoza/Photographer's Choice/Getty Images; Nobuhiro Asada/Shutterstock

p. 129 Reprodução

p. 134 Lawrence Manning/Corbis/Latinstock; Ryan McVay / Getty Images; Archive Holdings Inc. / Getty Images; Lusoimages - Technology / Alamy / Other Images; Nikreates / Alamy / Other Images; Daniel Sambraus / Photographer's Choice / Getty Images

p. 135 Archive Holdings Inc. / Getty Images; Ryan McVay / Getty Images; Lawrence Manning/Corbis/Latinstock; Lusoimages - Technology / Alamy / Other Images; Nikreates / Alamy / Other Images; Daniel Sambraus / Photographer's Choice / Getty Images

Almanaque

p. 4 Ollyy/Shutterstock

p. 5 StudioVin/Shutterstock; Imaginechina/AP Photo/Glow Images; Tom Roberton/Getty Images

p. 6 Simon Plestenjak/Folhapress

p. 7 STS-82 Crew/STScl/NASA; Renato

Almanaque do Jovem Internauta

Oi, eu sou **Click**,
sua mascote digital!

No meu mundo tem muita coisa bacana e divertida, mas também tem alguns perigos.

Por isso, vou ajudar você a curtir com segurança a internet, a conhecer algumas curiosidades da tecnologia e aprender com ela.

Olha eu aqui lutando *taekwondo*!

TAE: pés
KWON: mãos e punhos
DO: caminho/mente

O *taekwondo* também é definido como o "caminho dos pés e das mãos através da mente". É uma arte marcial coreana que combinou, ao longo de sua história, diferentes técnicas que resultaram em uma forma de autodefesa e condicionamento físico-mental. Os objetivos da luta são: educação, respeito, honestidade, justiça, saúde e equilíbrio.

O *taekwondo* exige boa preparação física, flexibilidade, potência e agilidade.

Tornou-se esporte olímpico e teve sua primeira participação nos Jogos de Sidney, em 2000.

A roupa usada nesse esporte chama-se *dobok*.

Agora, com licença, que eu vou voltar ao treino...

KIHAP!!!

"Ki" significa energia, força, determinação. "Hap" significa união, harmonia.

FIQUE LIGADO!

Crianças podem usar as redes sociais?

As redes sociais mais conhecidas, como o Facebook, têm regras claras. Uma delas é: **crianças com menos de 13 anos não podem ter perfis ali.**

A razão por que a maioria dos *sites* norte-americanos ou que operam nos Estados Unidos se destina a maiores de 13 anos de idade é uma lei chamada COPPA. Essas são as iniciais de *Children's Online Privacy Protection Act* (Lei de Proteção da Privacidade *On-line* de Crianças), uma lei federal norte-americana que proíbe a divulgação de dados pessoais de crianças menores de 13 anos de idade na internet.

Então, fique ligado: criar um perfil falso nas redes sociais, em *chats* ou *blogs* é contra a lei e pode ser enquadrado como crime de falsidade ideológica!

Busque as redes sociais adequadas para crianças da sua idade. Lá é possível fazer amigos que pensam como você e até participar de jogos *on-line* mais adequados aos seus interesses e sua idade.

Se quiser saber mais sobre esse assunto, acesse este vídeo do Hospital Israelita Albert Einstein, de São Paulo: http://www.youtube.com/watch?feature=player_detailpage&v=92HSHRsl76c. Há orientações bem interessantes para você, seus familiares e professores!

Etiqueta

Não reproduza materiais que não foram feitos por você como se fossem de sua autoria. Caso venha a usá-los, informe sempre o nome do autor.

Sete em cada dez jovens que utilizam a internet têm perfil em redes sociais

Pesquisa do Comitê Gestor da Internet mapeou hábitos na rede dos 9 aos 16 anos

ANDRÉA LEMOS
DE SÃO PAULO

Um levantamento mostra que 68% das crianças e adolescentes que utilizam a internet têm perfil próprio em redes sociais. Desses, 61% têm Facebook e 39%, Orkut. A pesquisa TIC Kids Online Brasil foi divulgada ontem pelo Comitê Gestor da Internet no Brasil (CGI.br).

Na faixa etária abaixo de 13 anos, idade mínima exigida para cadastro nessas redes sociais, 50% têm perfil com idade falsa.

Foram entrevistadas crianças e adolescentes de 9 a 16 anos usuários de internet e seus respectivos pais.

Pesquisa escolar, redes sociais e acesso a vídeos são as principais atividades das crianças na internet, segundo a TIC Kids Online Brasil.

Entre as crianças entrevistadas, 47% dizem acessar a internet todos os dias. Com essa frequência, 53% visitam perfis de redes sociais e usam serviços de mensagens instantâneas, 39% acessam contas de *e-mail* e 37% assistem a vídeos em *sites*, como o YouTube.

Durante a navegação, 14% dos jovens já foram confrontados a mensagens de ódio e 9% a informações sobre uso de drogas.

Os riscos da internet são uma das preocupações apontadas pelo coordenador da pesquisa, Juliano Cappi.

As entrevistas realizadas com os pais demonstram que cerca de 70% deles acreditam que os filhos estão seguros no ambiente da rede.

Essa visão dos adultos pode estar relacionada a outros dois fatores: os adultos usam pouco a internet (apenas 47% dos pais utilizaram a rede alguma vez na vida); e a maioria (52%) tem TV, jornais e revistas como fontes de informação sobre segurança na internet. Para Cappi, esses meios não fazem um alerta suficiente.

Disponível em: <http://www1.folha.uol.com.br/fsp/mercado/69734-sete-em-cada-dez-jovens-tem-perfil-em-redes-sociais.shtml>. Acesso em: 27 dez. 2012.

AVATAR

Que tal construir um avatar para o seu município?

Os avatares têm personalidade, características físicas e comportamentais e podem viver muitas aventuras.

Usando os conhecimentos que você adquiriu sobre a localização de seu município, crie um avatar que tenha as principais características das pessoas que moram ali.

Depois, crie uma história em que essa personagem "salve" o município dos problemas mais graves.

Antes, é claro, reúna-se com seus amigos e façam uma lista dos problemas que vocês consideram mais importantes para a melhoria da qualidade de vida no município e imaginem como esse avatar poderia solucioná-los.

Desenhe seu município e seu avatar numa cartolina e compartilhe suas aventuras com os amigos! Vai ser diversão garantida!

BATE-PAPO COM...

Luli Radfahrer*

* Professor-doutor de Comunicação Digital da Escola de Comunicações e Artes, da USP. Trabalha com internet desde 1994.

Em nenhuma época da história foram feitas tantas perguntas quanto as que se faz a cada minuto no Google. Nenhuma enciclopédia foi mais folheada do que a Wikipédia. Não há biblioteca tão consultada quanto o volume de informação que trafega livremente hoje. [...] Crianças com mais de cinco anos de idade precisam ser estimuladas a perguntar, a questionar [...]. É surpreendente a quantidade de adultos que desencorajam o questionamento, limitando a criatividade daqueles que mais tarde precisarão inovar.

Folha de S.Paulo, 17 set. 2012.

Você já estudou questões importantes sobre seu município e o lugar em que vive. Aprendeu a localizá-lo no tempo e no espaço. Mas pode ser que tenha ficado curioso e queira ver mais longe, muito longe...

Que tal acessar imagens da Terra e de outros planetas? Você sabia que pode fazer isso apenas com um clique do seu *mouse*?

As imagens do famoso telescópio *Hubble*, desenvolvido pela NASA (Agência Espacial Norte-Americana), podem ser vistas pela internet. Lançado em órbita em 1990, esse telescópio revolucionou a astronomia mostrando aos seres humanos imagens incríveis do que acontece no universo.

No *site* abaixo, você poderá visualizar vinte imagens escolhidas por uma equipe do Space Telescope Science Institute para celebrar o aniversário de 20 anos do famoso telescópio, em 2010. Experimente! Será impressionante observar como o lugar onde vivemos é tão pequeno diante da imensidão do universo!

http://www.google.com.br/intl/pt-BR/earth/explore/showcase/hubble20th.html#

QUIZ

Você saca tudo de redes sociais?

Faça o teste e descubra se você sabe usar as redes sociais de um jeito bacana. Depois, some os pontos e confira o resultado!

1 Se todos os seus amigos criaram um perfil em uma rede social que não é adequada para sua idade, o que você faz?

- **a** Pede permissão para os seus pais para criar um também.
- **b** Cria um perfil sem falar com o adulto responsável por você.
- **c** Entende que aquilo não é para você e esquece o assunto.

2 Se alguém for mal-educado com você em alguma rede social, o que você faz?

- **a** Responde do mesmo modo.
- **b** Pede ajuda para um adulto responsável.
- **c** Não responde, mas também não conta pra ninguém.

3 Postar fotos suas em redes sociais sem que um adulto saiba que você está fazendo isso. Como você classifica essa atitude?

- **a** Ruim, porque o *site* pode não ser seguro.
- **b** Super ok.
- **c** Normal, todo mundo faz isso.

4 Se uma pessoa estranha começa a conversar com você em um bate-papo ou em alguma rede social, o que você faz?

- **a** Não responde e conta para um adulto.
- **b** Responde numa boa para ver se faz um novo amigo.
- **c** Deixa pra lá: nem responde, nem conta pra ninguém.

5 Informações particulares, como seu endereço, telefone, nome da sua escola ou dos seus pais, devem ser publicadas nas redes sociais?

- **a** Sempre que me perguntarem.
- **b** Jamais, porque podem ser lidas por pessoas mal-intencionadas.
- **c** Somente se meus pais estiverem ao meu lado e autorizarem.

Conte 1 ponto: 1a/1c; 2b; 3a; 4a/4c; 5b/5c.

0 a 1 acerto – **Fora do ar**: Parece que você não está muito ligado nos perigos que rondam as redes sociais, né? Fique mais atento!

2 a 3 acertos – **Conectado**: Parabéns! Você já sabe se virar bem nas redes sociais. Mas lembre-se de que é sempre bom ter um adulto ajudando você a navegar com segurança.

4 a 5 acertos – **Expert**: Você sabe mesmo como se divertir de um jeito seguro nas redes sociais, hein? Continue assim.